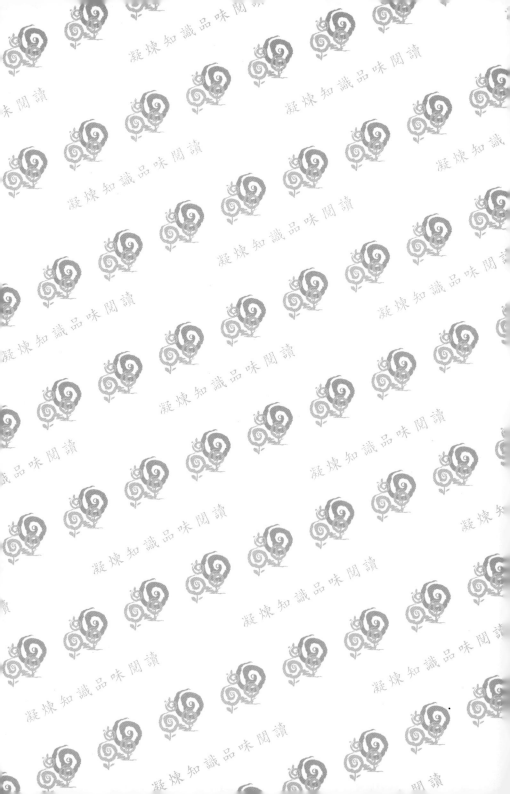

# 傳播新制度經濟學

## 傳播史、政策、管理與產業組織

王盈勛 著

五南圖書出版公司 印行

# 目 錄

# 自序

傳播學門是個相當獨特的領域。

很多學子之所以選擇傳播相關科系就讀，是因為和其他人文社會學科相比，傳播科系似乎較為接近「產業」，唸起來有趣，未來的前途似乎也較為看好。

但這與產業的接近性與對應性，也是這個學門內在張力的根源。對於左翼批判傳播出身的學者而言，媒體的內容具有公共性，不能輕言被私有化與商品化；對將傳播視為一個產業的研究者來說，這個產業如何才能蓬勃發展，提供更多元化的媒介內容與服務，才是值得關心的問題焦點。

落實到傳播研究理路的進程，左右兩端則是各自發展出傳播政治經濟學與傳播產業經濟學兩個研究脈絡。這兩大傳統，要不是互不往來，就是互為政治與學術思想上的假想敵人，在政策的辯駁上，則是有志一同地在國家（公共性的主要維護者）與市場這兩種體制間往返。

這本書試圖要探索的，則是新制度經濟學作為一種方法，如何能開拓傳播研究的經濟分析思路，並在前述兩者之間，找到對話與開展新局的可能。

　　本書第一章透過介紹新制度經濟學的開創者寇斯 (Ronald H. Coase) 的傳播研究，勾勒傳播新制度經濟學的理論基礎；第二章陳述制度經濟學的方法，如何應用於傳播史的研究，並比較分析其與科技導向的傳播史研究取徑間的異同；第三章著眼於新制度經濟學在傳播管理與產業組織分析中的位置，並闡述新制度經濟學對關鍵傳播議題，像是壟斷、傳播內容屬性與所有權的解釋與分析方法；第四章探討新制度經濟學的政策研究意涵，並試著為傳播政策的國家 / 市場難題尋求可能的新解答。

　　巧合的是，新制度經濟學的四位關鍵人物：寇斯、諾斯 (Douglass C. North)、威廉森 (Oliver E. Williamson) 以及奧斯特羅姆 (Elinor Ostrom)，分別在 1991、1993、以及 2009 年獲得諾貝爾經濟學獎（最後兩位同年獲獎），在本書中也將從基礎理論、史學、管理與產業組織、以及政策分析的角度介紹其理論，並申論其在傳播理論的應用。

# 第一章　理論基礎

以經濟的分析方法來研究傳播產業或是傳播現象，主要援引經濟學的兩個理論脈絡：一為產業經濟學，另一個是政治經濟學。[1] 在這兩大理論傳統的牽引之下，傳播學門出現了兩個次學門，分別是媒體經濟學 (media economics) 和媒體政治經濟學 (political economy of media)。

這兩大傳統，位處政治光譜的兩端，媒體經濟學延襲了主流經濟（新古典）理論的右翼傳統，媒體政治經濟學則是繼承了馬克思主義經濟學的左翼資產。

在傳播學界，受到這兩個理論傳統的影響與制約，對於傳播制度與政策的分析，幾乎都是集中在兩種極端的制度或體制間的往返辯駁：公共 (public) 與市場 (market)。

這種非公共即市場的思維邏輯，固然在過去數十年間獲得豐富的研究成果，卻也限制了傳播的經濟（與管理）研究的諸多可能性。本書的目的，則是探討另一種取徑的可能性─新制度經濟學作為一種傳播研究方法。

新制度經濟學，自從兩位經濟學家寇斯 (Ronald H. Coase) 與諾斯

---

1. 政治經濟學有許多不同的定義，最廣義的解釋幾乎等同於經濟學，這裡指的是「批判的政治經濟學」。

(Dauglass C. North) 在 1990 年代接踵獲得諾貝爾經濟學獎以後，[2] 在經濟學界的影響力與日俱增，有漸成顯學之勢。本章的主旨在於指出，新制度經濟學的研究方法不但對於擴大傳播經濟研究的視野有極大的幫助，事實上，寇斯本人的著作本來就有很極大一部分是針對傳播產業，寇斯與傳統傳播領域的著作也有許多的對話。然而，寇斯的著作在傳播學界卻鮮少受到重視，也幾乎沒有人認為寇斯是「傳播學者」。

本章首先試圖為寇斯與新制度經濟學在傳播學界不被重視提出解釋，第二節初步探討寇斯的傳播思想，第三節則是分析新制度經濟學的研究方法在傳播領域應用的可能性。最後則是探討新制度經濟學對當下傳播研究的意義，以及其與傳播政治經濟學、傳統的傳播（媒介）經濟學之間的關係。

## 壹、對傳播新制度經濟學的誤解與忽視

新制度經濟分析在台灣、乃至全球的傳播學界能見度如此之低，主要有三個可能原因。一、未能區分新舊制度經濟學間的差異；二、與新古典主義的混淆；三、左翼傳統在台灣的傳播學門經濟分析中佔據了主導地位。

---

2. 一般認為，新制度經濟學的開山之作是寇斯發表於 1937 年的〈廠商的本質〉("The nature of the firm")。此外，寇斯也被認為是法律經濟學的鼻祖，寇斯便曾感嘆，作為經濟學家，他在法學界影響力卻大於經濟學界。

### 新舊制度經濟學的差異

傳播學界並非沒有制度經濟學的理論傳統。以加拿大為基地的傳播政治經濟學脈絡，從殷尼斯 (Harold Innis)、史麥塞 (Dallas W. Smythe)、到貝比 (Robert Babe) 早期都是從制度經濟學的角度出發，研究傳播現象。Mosco(1996) 便指出，「左派的異端立場，主要是從制度經濟學與馬克思主義的取向，汲取論述」。

然而此制度經濟學非彼制度經濟學。Mosco 所說的制度經濟學，在現在的經濟學領域一般被稱之為「舊制度經濟學」。舊制度經濟的代表性人物包括康芒斯 (John R. Commons)、密契爾 (Wesley Mitchell) 等等。舊制度經濟學之所以對左翼傳統有重大影響，主要原因在於舊制度經濟的研究重心在於強調文化、風俗、習慣等等的「制度」對於經濟的影響力，並駁斥新古典主義一貫只強調價格（市場）的決定性力量。這樣的研究取徑，自然是相當投合左翼分析的脾胃的。

就「指出市場力量的限制」、挑戰新古典主義的基本假設這點來說，新、舊制度經濟學的確是有若干的共同點。但是寇斯指出，舊制度經濟學的問題在於反理論，因此留下來的，幾乎都是沒有理論價值的材料堆砌而已。新制度經濟的分析超越舊制度經濟之處，在於提出一套理論性的分析方法—價格（市場）機制的運用是需要的成本的，來探究新古典主義的限制之所在。

但是新制度經濟的分析方法歧途於左翼分析之處在於，新制度經濟的分析並不是要推翻新古典主義的基礎，而是要修正它，指出其不

足之處。或許也是這樣的歧異點，讓許多左翼傳播學者輕易地便將新制度經濟學劃歸在新古典主義的大旗之下。

## 與新古典主義的混淆

國內學者羅世宏 (2003) 提到寇斯定理時，將其歸類為「芝加哥經濟學派」。即使是一度以傳播制度經濟學者自居的加拿大傳播學者貝比，也錯誤地將寇斯歸類為新古典主義學派 (Babe, 1996)。Posner(1995) 便指出，並非所有在芝加哥大學任教的經濟學家都是芝加哥學派，寇斯便是個典型的例子。[3]

羅世宏 (2003) 所說的，「新制度主義以產權私有為優，卻未能證成私有化的產權配置是將（特別是政治及文化生產的領域的）（負面）外部性予以內部化的最佳或唯一手段。」這事實上也是對於寇斯定理的誤解。寇斯定理的要旨在於指出，在交易成本為零的狀況之下，只要將產權界定清楚，資源指派給誰，將無關資源使用效益的最大化。寇斯的這項推論，我們得從兩個層次來理解。

首先，寇斯指出，交易成本為零的狀況在真實世界中並不存在（也就是新古典主義所假設的狀況），因此他認為討論交易成本為零的狀況沒有太大的意義。這也就是說，在真實的世界中，產權的配置確乎是會影響效率的—因為市場的運用是要耗費成本的。因此，在寇

---

3. 事實上寇斯到芝加哥大學任教之初，是受聘為法學院教授，而非經濟系。

斯眼中，價格或是市場機制絕非資源配置的「唯一最佳」手段。

其次，寇斯所說的將「產權界定」清楚，是指運用特定財產權利的明確判決或指派，至於財產權是劃歸給私人或是政府，則是另外一個層次的問題了。換言之，寇斯從未有「產權私有為優」的這樣的論述出現。

至於說新制度主義「未能證成私有化的產權配置是將（特別是政治及文化生產的領域的）（負面）外部性予以內部化的最佳或唯一手段。」則是一項相當奇怪的說法，寇斯對於經濟理論最大的貢獻之一，正是在於推翻庇古(Cecil Pigou)所提出的「外部性」(externality)問題，又何來證成外部性效益最佳化與否的問題呢？寇斯(1988)認為，「我的文章（指社會成本問題）的主要目的之一，就是在於證明，這些不良影響 (harmful effects)，也就是一般所說的外部性）可以像其他生產要素一樣來處理。這些不良的影響，有時應該加以消除，有時則否。要得到正確的結論，並不需要使用像「外部性」這樣的概念。」

Creative Commons 運動的健將雷席格 (Lessig, 2004) 便指出，寇斯定理有兩種，一為「適當的」寇斯定理 (proper-Coaseans)，以及「產權的」寇斯定理 (property-Coaseans)。產權的寇斯定理，顧名思義，唯產權是問，所有的資源都應該被產權化。對寇斯來說，產權絕對不是一件可以這樣簡化的事。在〈聯邦通訊委員會〉(The Federal Communication Commission) 一文中，寇斯(1959)即已指出，「所有

的財產權都會阻礙人們使用資源的能力,我們必須確認,這樣的阻礙所獲得的好處大於它所帶來的損害」。因此,在決定要把產權指派給誰之前,我們得先確定,資源的配置是否該與產權有關。

這當然不是說新制度經濟學和新主古典經濟毫無關係,或是沒有研究脈絡上的相承之處。諾斯 (1993) 指出,新制度經濟學並不是要推翻新古典主義、以及找出無效率市場的解釋原因,而是奠基在新古典理論之上,修正與延伸它。新制度經濟學接受資源有限,因此必然有競爭的假設─個體經濟學選擇理論取徑的基礎。新制度經濟學放棄的是新古典主義的工具理性─新古典主義是假設制度不存在的理論 (institution-free theory)。

在工具理性的世界裡,制度是沒有必要的,理念與意識型態無關緊要。但是事實上,我們只擁有不完整的資訊和有限的心智來處理資訊,因此,人類藉以建構交換體系的互動是有所限制的。在這樣的世界裡,理念與意識型態扮演了重要的角色。

新制度經濟學如何延伸或修正新古典主義?除了修正對於理性的假設以外,諾斯加入制度作為一個關鍵性的限制,以及分析交易成本作為制度與生產成本間的鏈結所扮演的角色。新制度經濟將理念與意識型態整合進經濟理論的分析當中,把政治視為是經濟表現的關鍵因素、作為不同經濟表現的促成因素、以及無效率市場的解釋原因。

從這個角度來看,我們其實也可以說新制度經濟學恢復了主流經

濟學研究的「政治經濟學」傳統。就這個層面來說，我們甚至可以說新制度經濟學和批判的政治經濟學有其共同之處。寇斯 (1993) 本人也將將其在 1951 年移民美國以後，針對美國廣播電視產業的研究稱之為「廣播與電視的政治經濟學」(political economy of radio and television)。

### 左翼傳統在台灣的傳播學門經濟分析中佔據了主導地位

　　早期台灣的傳播學研究，絕少把關注的重心放在傳播機構是存活在市場機制底下，或是它本身就是個商業組織這個面向上面。自 1990 年代以降，在台灣的傳播學界，如同馮建三 (2003) 所指出的，「傳播政治經濟學」幾乎被等同於就是「批判的傳播政治經濟學」。稍後也漸次興盛的「傳播管理」或是「媒體經濟」領域，則是擷取新古典經濟理論的產業經濟理論，研究的重心在於產業結構對於組織行為與績效的影響。

　　在左右夾擊，加上對於新制度經濟的誤解，傳播新制度經濟學在台灣的研究幾乎是一片沙漠。

## 貳、消失的傳播研究奠基者：寇斯的傳播思想再發現

　　很難想像，一個一生的學術著作幾乎有半數與傳播產業相關的諾貝爾經濟學獎得主，卻全然不曾引起傳播學界的注意。依據 Menard(2000) 所選編的寇斯著作目錄，截至 2000 年 1 月為止，寇斯

一共出版了五本專書（另有兩本小冊子），發表了 83 篇文章（包括報刊雜誌的短論）。一般針對寇斯的介紹文章經常會提到，寇斯雖然著作不多，但是幾篇重要的論述卻影響深遠。其實這樣的印象未必正確，數十篇論文加五本專書，就算不能算是多產的學術工作者，卻也絕對不能稱之為著作有限。

五本專書中，兩本與傳播產業有關，一本是 1950 年出版的《英國廣播：針對壟斷的研究》*(British Broadcasting: A Study in Monopoly)*，另外一本是 1968 年出版的《教育電視：誰該付費》*(Educational TV: Who Should Pay ?)*，83 篇文章當中，則是有 13 篇探討傳播產業的議題。這當中最著名的，應該是〈聯邦通訊委員會〉一文，另外一篇影響深遠的論文〈社會成本問題〉(The Problem of Social Cost, 1960) 則是〈聯邦通訊委員會〉一文所提出的概念的延伸。此外，寇斯還寫了數篇探討廣告、言論自由、廣播的賄賂的文章，較少受到經濟學界的注意。

除了有大量的作品處理傳播產業的問題，寇斯和一般的經濟學家不同之處在於，寇斯是一位和傳播學界有所對話，對傳播領域的問題意識有所知覺的經濟學家。寇斯 (1966) 曾經為文分析與評論傳播政治經濟學派代表性人物史麥塞任職聯邦通訊委員會期間對於傳播資源分配的看法。此外，在許多論文當中，我們也可以看出寇斯對於傳播學界的動態是有所掌握的。

寇斯的思想之所以很輕易地就被歸納在新古典主義的大旗之下，很重要的一個原因，是寇斯主張無線電頻譜應該採用拍賣（市場）競

價的方式來分配,以及寇斯對於公共電視制度所採取的懷疑態度。

寇斯認為,多數傳播學者對公共傳播制度的支持,其背後的學理是很難經得起理論和歷史考據上的檢驗的。綜觀寇斯對於電視產業的分析,寇斯認為:

## 就歷史層面來看,英國公共電視制度的出現純屬偶然

寇斯 (1947, 1950, 1954) 指出,英國廣播公司之所以成為公用事業,真正的原因是相當奇怪的—電報因為屬於郵局的業務,因而一併被國有化了。電報被定義為以電力來傳遞訊息,廣播也是,因此廣播被認為也是電報的一種,管制權被一併賦予郵局。廣播剛出現之際,郵局對擁有廣播的壟斷權很焦慮,因為當時有些企業想要擁有這個權利,去過美國的人也聽到廣播在美國的混亂情況,郵局的決策當局當時認為,要避免這些問題的唯一方法,便是壟斷。換言之,各國引以為標竿的 BBC 公共服務,根本不是出自什麼公共領域的文化理想,而只是歷史的偶然,加上主事者怕被冠上圖利財團而便宜行事的作法。

## 就理論層面來看,所有的資源都是有限資源,不獨無線電頻譜

無線電頻譜在過去被傳播學者認為應該是資源有限的公共財,應

該由國家（或是獨立組織）來分配，不能被少數特定人所獨佔。寇斯 (1959, 1962) 對此的回應是，幾乎所有在經濟系統中使用的資源（不單是廣播和電視頻率）數量都有限，因而都是稀缺的，人們的需要總是大於供給。土地、勞動力、資金都是稀缺性資源，但其本身卻並不要求政府管制。寇斯也同意，必須存在特定機制，被用於在眾多提出權利要求的人當中，確定誰能使用這稀缺資源。美國經濟制度中常用的方法是使用價格機制，這樣分配資源給使用者無需政府管制。寇斯認為，無線電頻譜在資源的屬性上，並沒有像傳播學者所指稱的那樣特殊。

### 行政組織的慣性，讓公共的理想不可能落實

寇斯 (1966) 認為，我們不能期望 FCC 這一類的管制委員會會依公共利益行事，尤其是希望這樣的公共利益能長時間維持。寇斯並不是說，管制機構的主事者必然會與指派他的政治當權者意見一致，而是任何的管制機構，即使有著全世界最佳的善意（來維護公共利益），也做不到這一點。一個組織在一開始或許可以很有彈性，但是終究不免會採取某些作法或是組織形式，導致其思維與政策選擇的範圍受到限制。在這樣的限制之下，管制機構或許會試圖尋求公共利益之所在，但是它不可能找到能夠根本改變其已然被決定的政策前提的可接受接決方案。

## 決策資訊的不足，導致管制機構無法做出符合公共利益的決策

寇斯 (1959) 認為，美國過去的無線電頻譜分配方式是無效率、沒有彈性、並且被政治和其他壓力所左右的。聯邦通訊委員會不可能擁有每家獨立公司的經理人才會具備的資訊—他們會如何運用這些頻譜，即使只是要獲得部分的資訊，也要付出很大的成本。

有些學者將政府進行管制之前存在的混亂，歸因於私人企業和競爭制度的失敗，但是寇斯認為，問題的真正原因是沒有在這些稀缺性資源中建立產權。

寇斯認為，當聯邦通訊委員會以公共利益之名，用審議的方式來授予無線電頻譜的使用權，卻又不向廠商收取任何的費用，事實上等於是在贈與私人企業。寇斯將這樣的政策稱為「富人的抒困計畫」(a poverty program for millionaires)。

## 生產面問題不能靠分配面來解決

寇斯 (1968) 認為，以美國為例，廣播電視產業確實有問題，但是對於什麼原因導致這樣的問題的理解有所不同，就會推導出截然不同的解決方案來。寇斯認為，左翼傳播理論學者所大力主張的公共傳播政策，是試圖要用分配面的方法來解決生產面的不平等。

對於左翼傳播學者所指稱，經濟力量的不平等，將會使得民眾使用媒體的機會不平等的問題，寇斯認為，在美國的經濟體系當中，收

入較少的民眾只能購買數量有限的商品與服務是事實。但是如果收入
的分配是有問題的，公共廣播系統也不是解決這個問題的正確組織。
寇斯舉例，如果一個人不願意花兩分錢去看付費電視上的芭蕾舞劇，
而是把這些錢拿去買食物─或許他真正欠缺的是更多食物而非芭蕾舞
劇。換句話說，收入的再分配的最好是以貨幣的形式，而且是讓其他
的機構來完成分配（簡單說，如果是收入有問題，那就應該直接解決
收入的問題）。對公共電視的補助，在本質上，可能是劫貧濟富的行
為─觀看這些節目的觀眾，可能是在經濟上與文化上都是佔優勢的一
群人。

寇斯主張，美國的經濟體系所運用的法則，同樣適用於傳播產
業。特定的需求未能被滿足，是因為這個產業不被允許將產品直接賣
給消費者。

寇斯的〈聯邦通訊委員會〉一文，一般認為是美國的無線電頻譜
分配後來改為以拍賣的方式為之最重要的理論依據，或許也正因為如
此，寇斯也被認為是擁護市場機制的頭號代言人。

罕為人知的是，寇斯那篇奠基他在學界地位的〈廠商的本質〉
(The Nature of the Firm) 一文，卻是他思索社會主義前途的結晶。大
學剛畢業未久的寇斯，獲得一筆前往美國考察進修一年的獎學金。當
年的寇斯想要了解的是一個困擾他已久的問題─為何蘇聯的中央計
畫經濟漸顯敗象，被多數經濟學家認為是不可行的經濟體制，但是
1930 年代的美國卻是福特汽車、卡耐基鋼鐵等超大企業蓬勃興盛、

大行其道的時代？同樣都是「大型組織」，為何一個被視為是經營的典範，另外一個卻被認為是沒有效率的呢？當年的寇斯，還是一個社會主義者。

寇斯 (1997) 曾在一次受訪中提到，為何他的社會主義立場後來有了轉變。寇斯指出，這樣的轉變是逐漸形成的。最重要的關鍵則是早年他在倫敦政經學院針對英國的公用事業所做的研究。寇斯研究了公營化與國有化的成果與效益，特別是郵局。寇斯總結，國營化並未能達到人們原先所預期的結果。

寇斯強調，他的觀點，一直都是源自對事實的調查。這也是為何，寇斯認為自己從來就不是一個自由主義 (libertarian)，因為他分析問題的起點，不是人類擁有什麼樣的權力。寇斯要問的問題是，「是什麼樣的權利會產生特定的結果？」，他是從生產的角度來看問題的，像是人們的生活，生活的水平等等。這是一個事實問題。

如果寇斯不是一個自由主義者，那他的政治立場是什麼呢？寇斯 (1997) 指出：

> 我真的不知道。在沒有考慮其結果之前，我不會反對任何政策。如果有人說這些是應該管制的，我不會說管制一定是不對的。我們應該等著看。問題是，我們發現多數的管制是產生更差的結果。但是我仍然不會說所有的管制都是這樣的，因為確實也有管制的結果不是如此。

寇斯 (1993) 指出，說他最早提出美國聯邦通訊委員會應該考慮引進價格機制的說法，並不正確。最早將這個概念形諸文字的，是一個名叫 Leo Herzel 的學生在 1951 的《芝加哥大學法律評論》*(University of Chicago Law Review)* 所發表的文章。當寇斯第一次看到這篇文章時，他認為這是理所當然之事。但是即便如此，寇斯說，他當時也沒有直接跳到價格機制必然優於 FCC 管制這樣的結論，而是還必須要加入交易成本的考量。

很多人都忽略了（特別是批判寇斯的人），寇斯一再強調，交易成本為零的狀況，在真實世界中根本不存在，因此其實也是一種無需考慮的狀況。真正關鍵的問題，是要比較不同制度間的制度成本。

寇斯 (1960) 在〈社會成本問題〉一文中指出：

*真正令人滿意的政策，只能來自對於市場、廠商、與政府如何處理具有負面效益的問題不厭其煩的分析…政府管制的效益經常都是被高估了，但是這也不能倒過來說，所有的政府管制都應該被束之高閣。這其間的疆界在哪並不容易劃分，我們唯一能依靠的，是對於不同解決方法的實質結果的考察。*

寇斯的著作，多數由產業的歷史考察出發，詳細評估一個產業當中不同歷史階段的管制對於產業的實質影響，像是燈塔、廣播、以及電視等產業，而不是抽象的理論推衍。因此，寇斯的著作具有明顯的實證主義色彩，儘管他所使用的方法並不是美國學者慣用的數學工

具。

除了對於廣電政策議題，寇斯還寫作了數篇處理言論自由、廣告內容管制、以及賄賂的社會效益的論文 (1974, 1977, 1979)。

寇斯處理這些問題的方式，具有他一貫思維的風格—從問最簡單的問題開始。寇斯問的問題是，新聞自由被多數學者認為是言論自由的一部份，絕對不能被政府所管制或干預，為何廣告的內容就不是言論自由的一部份，時時受到政府的管制與干預，卻不見任何學者說這是對言論自由的侵犯呢？

寇斯認為 (1974)，言論自由，其實就是言論的自由市場 (free market in idea)。同樣的一群知識份子，為何捍衛絕對的言論自由，卻又贊成對商品與廣告市場的管制呢？寇斯認為，這樣的立場很難自圓其說。

光是說因為言論自由對民主政治很重要，所以政府就該退出，這樣的理由是不夠的。即使是最不重要的市場，效率的提升也都應該是重要的事。[4] 弔詭之處在於，政府的介入在一個領域被認為是有害的，在另一個卻被認為是有益的。更弔詭的是，那些強力主張政府應該加強管制商品的人，往往就是憂慮言論自由市場受到侵犯的同一批人。

寇斯認為，真正的原因在於，觀念的市場，是知識份子從事交易的地方，知識份子認為這個市場不該受管制，是「自利與自負」(self-interest and self-esteem) 的行為。自負讓知識份子誇大了自己的市場的重要性，其他人的市場被管制則似乎是理所當然的，特別是這

些知識份子很多本身就是管制者。自利則是與自負結合，確保當其他市場被管制的同時，自己的市場可以安然無恙。

在商品市場，政府一般被認為是有合法性並且有能力來進行管制的。消費者缺乏能力來做適當的選擇，生產者則是經常會運用壟斷性力量，如果沒有政府的介入的話，其行為會有違公共利益。在觀念的市場，政府的位置則是截然不同。政府如果試圖要管制觀念市場，會被認為是無效率的，動機會被認為是負面的，即使可以達成它原來設定的目標，也是不被認可的。在觀念的市場，消費者的能力則被假定是截然不同的—如果有充分的自由的話，消費者毫無疑問有能力從不同的觀點中作選擇，在商品市場被高度質疑的生產者，在觀念市場則是被信賴能夠依公共利益來行事，不管他們出版的紐約時報、芝加哥論壇報、或是哥倫比亞廣播公司。

寇斯認為，這其中最奇怪的是商業廣告的部分，經常不過只是意見的表達，因此理應受到美國憲法第一修正案的保護，但是卻經常被視為是商品市場的一部份。政府管制廣告中的意見表達被認為是應該的，但是同樣的意見被表達在書籍或文章中，卻被認為應該超越政府的管制的。

寇斯認為，觀念的市場和商品的市場並無根本上的不同，因此在制定有關的公共政策時，應該有相同的考量。在所有的市場，生產者

---

4. 寇斯的意思是說，如果管制是有助於效率的提升的，對於言論或是觀念的市場應該也是如此。

都有各式各樣的理由會誠實或不誠實；消費者可能只有部分的資訊，
或是不能消化他們所擁有的資訊；管制者會希望把工作做好，但是經
常會力有未逮或是受到利益團體的影響。

不過寇斯也強調，相同的考量並不意味著在不同市場的公共政策
都該一樣。每個市場的特殊性質會讓相同的考慮因素有不同的比重，
因而會有不同的適當社會制度安排。寇斯認為，我們應該用相同的方
法來決定公共政策。寇斯認為，如果可以做到這一點，觀念市場所用
的方法，會比商品市場的方法更為有效。寇斯舉例，如果如一般經濟
學家所言，「外部性」很高的市場就該有政府介入的話，那觀念的市
場應該是「市場失靈」最嚴重的市場，政府豈不是應該介入最深？

針對廣告市場，寇斯 (1977) 認為，和其他的市場一樣，生產者行
動的權力應該被指派給那些能最大化社會總體福利的人，寇斯認為，
當我們要界定哪些活動是憲法第一修正案保護的範圍也是如此。有些
法學界的人試圖將憲法第一修正案視為是絕對的標準，並且反對法院
以「平衡」的方式來處理這個問題。但是如果法院要把問題指向創造
最大的社會福利，這樣的平衡是無可避免的。當自由的行使會讓其他
人覺得有價值的行動受到妨礙，言論的自由便一定會受到限制。要用
單一的標準來決定這疆界之所在，是不可能做到的。但是大家都可以
同意，權力應該被指派給那些疆界如此界定對他們是最有價值的那些
人。

針對美國聯邦通訊委員會立法禁止唱片公司賄賂電台 DJ，藉以

換取唱片在電台被播放的機會，寇斯 (1979) 指出，當年美國聯邦通訊委員會之所以立法禁止賄賂電台的行為，表面上的說法是有兩個原因。其一，聽眾的公眾利益 (public interest)，將會因此受損 -- 電台或是 DJ 接受賄賂，意味著電台播放哪些歌曲，將會受到那家唱片公司雙手奉送上好處的牽引，而不是只考慮歌曲本身的良莠與否，聽眾在沒有被充分告知的情況下，對於唱片（的採購決策）有可能被誤導。其二，賄賂可能會導致不公平競爭，不願意走後門的廠商可能會被排除在電台的播放名單之外。

這樣表面上看來十分合理的理由，寇斯透過歷史性的實證研究告訴我們，事實並非如此。當時壟斷唱片業的幾大唱片公司和版權授權機構之所以推動限制賄賂行為的立法，根本的原因，是要限制以走後門作為主要行銷手段的小型唱片公司推廣業界大老所不擅長的音樂類型：搖滾樂。

在 1950 年代，特別是 1955 年，搖滾樂開始變得受歡迎。當時非常多的新唱片公司出現，重心都是放在搖滾樂上。搖滾樂的盛行，受害的是當時的四大唱片公司 (Capitol、Columbia、Decca 和 RCA-Victor，以發行較為傳統的音樂類型為主 )。在 1948 到 1955 年間，這四家唱片公司所發行的唱片平均佔了美國告示牌 (Billboard) 排行榜前十名歌曲的 78%，最低也從未低於 71%(1953 年 )。但是到了 1956年，只剩 66%，1957 年，40%，1958 年，36%，1959 年，更是只剩下 34%。

這些大型唱片公司把他們在市場上的節節敗退，歸咎給這些小型唱片公司靠著對電台與 DJ 施小惠就能成功推廣如噪音一般的搖滾樂。當時力主限制賄賂行為的一位美國參議員便指出，「好音樂不需要靠賄賂 DJ」。

寇斯認為，要賣唱片就得讓許多人先知道（或聽到）這張唱片。賄賂是讓人們願意播這張唱片，進而讓唱片能夠廣為流傳的方法之一。從在商言商的角度，對於賄賂或是置入性行銷的限制，等於是對特定廣告或是促銷費用支出作限制。

這樣的限制誰受害較深呢？自然是通路受限、沒有高額廣告與行銷費用可用的小型唱片公司。美國的六大唱片後來在 1970 年代又重新奪回極高的市場佔有率 (1979 年時為 85%)，1960 年正式通過賄賂為違法的立法扮演了關鍵的角色。

禁止賄賂作為一種行銷手段的立法如果來得更早，搖滾樂或許就不是我們目前看到的如此這般樣貌。寇斯試圖告訴我們的是，政府率爾以冠冕堂皇的理由介入市場的運作，其效益往往不是表面上看來那樣單純。

至此我們可以為寇斯的傳播思想作一個小小的總結。寇斯是不是價格系統的支持者呢？答案是肯定的。價格是不是傳播資源分配的唯一最佳方式呢？答案是否定的。寇斯指出，只有交易成本為零的情況下，價格機制才是唯一最佳資源分配方式，但是這在真實世界中並不

存在。

寇斯認為，任何的資源或是權利指派方式都有人受益，有人受害，言論自由或是廣告市場也不例外。權利或資源分配最重要的依據，是社會福利的最大化（受益大於受害）。權利或是資源分配最重要的方式（不管是政策或是法院判決），是有效地降低交易成本，讓資源能夠流向能夠創造最大收益的人身上。

寇斯認為，傳播產業和其他產業一樣，都可以用相同的方法來管制，但是這並不等同於所有產業的管制與法規都應該是一樣的。

## 參、傳播新制度經濟學：研究什麼？如何研究？

寇斯所開創的新制度經濟學，對於當代的傳播學研究，可以開展出什麼樣的路途呢？我認為主要有三個方面值得我們進一步探究：

一、傳播史

二、播產業的產業組織與管理研究

三、傳播的政策與制度分析

### 傳播產業的產業組織

寇斯 (1988) 認為，主流經濟學對於產業組織的研究與認識，少得令人驚訝。產業組織的研究重心，都是放在廠商定價與產品策略

的研究，特別是在寡佔的情況下的定價與產品策略。如同史蒂格勒 (Stigler, 1968) 指出的，「產業組織，旨在了解經濟體系中產業的結構與行為，探討的是市場規模的分配（一家或多家，集中或不集中），規模分配的成因，集中度對競爭的影響、競爭對價格、投資與創新的影響等等」。對於產業組織形成原因的理解，[5] 則是非常有限。

這樣的偏向，又進一步導致經濟學家對於寡佔企業、壟斷問題與反托拉斯法的關注。寇斯指出，將產業組織的研究放在反托拉斯政策上頭，往往會把所有的商業慣例解釋成是取得壟斷地位的手段，即使這些商業慣例一點也不像是有這樣的意圖也是如此。寇斯 (1988) 說道：

> 對壟斷問題的研究過度專注，造成一個重要結果，那就是如果一個經濟學家發現他不能理解某件事情—這一類或那一類的商業慣例，他就將之歸因於壟斷。同時，由於我們在這一領域所知非常有限，於是不可理解的商業慣例相當可觀，經濟學家以壟斷作為解釋的理由，也就習以為常。

有趣的是，在傳播學的領域，左右翼的經濟分析對於「壟斷」問題的執著，卻是如出一轍。寇斯所說，對於不能解釋的商業慣例，就

---

5. 寇斯所謂的產業組織的形成原因，是指廠商為何進行垂直或水平整合，為何不同的產業大小廠商的分佈不盡相同，為何有些廠商規模龐大有廠商卻營運規模狹小等等。

將之歸因於壟斷，在傳播的政治經濟分析當中可以說比比皆是。任何待解或未能解的傳播現象，在缺乏明確的正確與因果推論的情況之下，輕易便將一切歸因於財團壟斷。

寇斯強調，他並不是說這類的問題不重要，而是過於狹隘，而且無助於我們對於產業組織形成原因的理解。

新制度經濟學解釋產業組織的核心概念，是寇斯在〈廠商的本質〉一文中所提出的交易成本概念。寇斯最早提出交易成本的概念，為的是要解釋為何有廠商的存在－如果市場（價格）機制是如此完美、有效率，為何還會有廠商的存在（一種運用行政命令而非市場機制來分配資源的方式）？寇斯的回答，是因為市場的運用是要耗費成本的，因此市場交易成本高於組織行政成本的活動，廠商就會將其內部化。

因此，一個產業的組織方式，要看市場的交易成本與廠商的組織成本間的關係而定。廠商為何不會一味無止境的擴張（可以享有規模經濟的好處），而會有規模上的侷限？因為規模越大，組織成本上升的速度可能越快，最終將要超越運用市場的成本。廠商為何要進行垂直整合，而非水平大於擴張？因為垂直整合所節省的交易成本可能大於水平擴張。

威廉森 (Oliver E. Williamson) 是將寇斯的概念延伸與理論化的新制度經濟學健將之一。威廉森 (2000) 認為，新制度經濟學包括四

個層次的分析，每個層次都對位階底於它的層次有關鍵性的影響，但是較低的層級也會有所回饋到高層級。最高層級稱之為「鑲嵌」(embeddedness) 或是「社會理論」(social theory)，包括非正式制度、習俗、傳統、道德規範和宗教等等。這個層級是非正式制度，改變非常緩慢，並不具備理性的最大化特性，但是對低層級的形塑與運作有重大影響。次高層級是賽局的制度環境或是正式規則，包括產權的正式制度與解決紛爭的法律訴訟等等。第三個層級是賽局的統治與運作，包括讓交易的本質與交易的結構得以配套的交易成本。第四個層級是資源的配置與運用，或是持續最大化活動的新古典經濟。

此外，考夫 (Caves, 2002) 的著作展示的是如何運用交易成本論述延伸出來的契約論 (contract theory)，針對創意產業進行研究。考夫先探究，創意產業在產業基礎、原則與特性上與一般產業有何不同，再將經濟性的分析運用在這些結構特性上，藉以說明創意產業組織的諸多特點、模式與契約行為。

## 傳播的政策研究

Galperin(2004) 指出，過去傳播政策的研究主要有三個取徑：利益團體 (interest-group) 取徑、意識型態 (ideological) 取徑、以及技術中心 (technology-centered) 取徑。Galperin 認為，新制度取徑能夠提供一個堅實的檢驗傳播與資訊政策的決定因素的概念化基礎，特別是在國際比較的面向以及大時間範圍的政策模式差異。

　　比較制度分析在傳播政策的研究事實上已有相當久的傳統，也取得了相當豐碩的成果。但是這些比較制度分析經常缺乏一個統一、有共同基礎的比較基準點—A 政策或是制度優於或劣於 B 制度，究竟是在那些面向上？新制度經濟分析所提供的則是一個簡明的、不同的政策分析都適用的比較分析方法。

　　新制度經濟比較分析的方法，是比較不同政策取徑間的「制度成本」的研究方法。何謂好的制度與政策？對寇斯來說，能夠以最低的制度成本，促成最多的交易量，就是一項好的經濟制度。有趣的事，曾經是社會主義信徒的寇斯，一度認為共產主義是制度（交易成本）最低的一種制度發明。寇斯的思考轉向，或許也可以說是他後來明白了，共產主義雖然是交易成本最低的經濟制度，卻也是制度成本最高的經濟制度（中央計畫經濟可以視為是將一切的資源分配都內部化、行政指派化，一個國家就相當於一家超大型的企業）。

　　寇斯 (1966) 認為，好的政策應該是設計一個制度安排 (institutional arrangement)，讓看得見的手和看不見的手一樣，讓商人可以被導引到可欲的方向（使其成為對商人是有利可圖的）。如果一個人依其自利行事，卻是對社會整體有利的方向而行這樣的說法要能夠成真，那是因為人類的制度是依這樣的方式而安排的。寇斯強調，他對看不見的手的信任，並不意味著政府在經濟系統當中沒有一席之地。所有的產業，或多或少都是受到管制的。但是政府的管制，必須能達到它們所宣稱的效益。

　　寇斯 (1988) 認為，那些一味反對市場、主張政府介入或干預的人未曾很嚴謹地探討，他們所主張的政策，在實際上如何去執行。要支持政府採取某些行動，他們僅僅證明，「市場」（或更正確地說，私人企業）未能達到最適狀態。但是他們所倡議的政府政策，有可能也無法獲致最適的結果，這種可能性卻很少被深入地探討。因為這個原因，他們的結論，在評估公共政策時，並沒有多大的參考價值。

　　寇斯也認為，「外部性」的存在，本身不足以構成政府介入的正當理由。事實上，因為交易必然有成本，人們的行為所造成的影響，很多是無法透過市場交易來解決的，因此外部性也可以說是無所不在的。但是寇斯提醒，政府介入也是同樣有成本的，因此很有可能，大部分的外部性必須讓它繼續存在，才能真正達到生產價值最大化。當外部性產生時，政府介入是否有利，要看經濟體系的成本而定。

　　寇斯指出，主流經濟學家一看到經濟活動受到管制，往往就認定有人企圖壟斷市場或是減少競爭；（傳播）政治經濟學家正好相反，他們認為管制或是政策最重要的目的，是要減少市場活動所帶來的（負面）影響。但是寇斯認為，管制的真正目的，在於降低交易成本以增加交易量。政府管制和價格制度的運用是不衝突的。

## 傳播史

　　絳楓 (2003) 認為，殷尼斯對於傳播史的研究，焦點都是幾乎放在傳播工具（科技）對於社會的影響，較少顧及社會制度對於傳播制度

的影響。因此，殷尼斯的研究，儘管不曾言明，卻明顯帶有媒介決定論或是技術決定論的色彩。

　　新制度經濟學的取徑則是啟發了傳播史研究的另外一種可能—傳播制度史的研究。諾斯 (1993) 認為，知識和技術存量決定了人類活動的上限，但它們本身並不能決定在這些限度內人類如何取得成功。政治和經濟組織的結構，決定了一個經濟的實績及知識和技術存量的增長速度。理解制度結構的兩個主要基石則是國家理論和產權理論。因為國家界定產權結構，因而國家理論是根本性的。諾斯認為，新制度經濟學的研究進入了政治經濟的領域，因為能夠被清楚界定與實施的產權制度，需要一個有效率的政治體制。

　　絳楓 (2003) 認為，新制度經學能夠彌補殷尼斯媒介理論中制度層面論述的不足，兩者都擺脫了傳統經濟學理論的束縛，但是新制度經濟是把制度視為人類歷史運轉的軸心，而非技術。以諾斯 (1968) 自己的研究為例，他所展示的，是在 1600-1850 年的兩百五十年間，世界並未出現以輪船替代帆船之類的革命性技術躍進，但是在這段期間內，海洋運輸的生產力卻有大幅的增長，原因就在於當時船運與市場制度的重大變革。

　　Mueller(2002) 的著作則是運用制度經濟的分析方法，分析了網域名稱統治分配制度的浮現過程，可以算是一種網際網路發展史的嘗試。

# 肆、結論

從以上的討論我們可以發現，新制度經濟學不但在方法論上大大修正與彌補了新古典主義經濟的不足，對於開拓批判政治經濟學的研究取徑也可以有極大的助益。然而，寇斯所開拓的新制度經濟學在傳播學界不是被高度忽略，就是輕易地被歸類為新古典主義的一支來加以處理。

在寇斯與傳播產業相關的著作中，寇斯提出了幾個傳播學界至今仍未能有效回應的大哉問：

一、所有的資源都是有限資源，為何其他資源不須由國家來分
　　配，傳播資源卻是需要的？

二、廣告也是言論自由的一種，為何有絕對的新聞自由，卻沒有
　　絕對廣告自由？廣告有可能誇大、作假、或是有礙消費者權益
　　是事實，但是新聞不是也有同樣的可能？

三、資本主義生產面的不公平，如何能夠用分配面的方法來解
　　決？

新制度經濟學為傳播研究所開展的取徑，當下值得我們進一步探究的至少有：

一、傳播的制度與政策分析應該超越簡化的「公共」與「私有」

二分法，更細緻深入地探討多樣制度可能性。管制與市場制度的運用不必然是衝突的，管制的目的也不是要限制市場，而是降低市場交易成本，減少市場運作的制度成本。制度比較分析的基礎，則是不同制度間的制度成本。

二、傳播經濟這個次學門，不應該被窄化為傳播的產業經濟學，而是應該加入傳播的制度經濟學，特別是傳播產業的產業組織研究。

三、傳播史，經常是傳播科技史，新制度經濟學為我們展示的，則是以「制度史」的角度來研究傳播體制的演進的可能性。

總結來說，新制度經濟學對於傳播政治經濟學與傳播產業經濟學都能夠有所啟發與助益。在過去的二、三十年間，主流經濟學界與新制度經濟已有了較多的對話與辯詰，因而也取得了比較豐碩的研究成果。相對來說，政治經濟學界太輕易就將新制度經濟劃歸為敵人、是極端市場機制的擁護者，因此這塊領域仍是一片荒漠。弔詭的是，傳統政治經濟學傳統的學者往往是用他們的主要論述敵手 -- 主流經濟對新制度經濟的誤解來理解新制度經濟。

對於新制度經濟研究取徑的再認識，或許可以是對話的一個開始。

# 參考文獻

絳楓（2003 年 10 月 15 日）。傳播圖景中的制度。

    取自：http://www.beiwang.com/a/Article.asp?ArtID=455。

馮建三（2003）。〈傳播政治經濟學在台灣的發展〉。新聞學研究，第 75 期，

    頁 103 － 140。

羅世宏 (2003)。〈廣電媒體產權再管制論〉。台灣社會研究季刊，第 50 期，

    頁 1-48。

Babe, R. (1996). Economics and Information: Toward a New (and More Sustainable)

    Worldview. *Canadian Journal of Communication, 21(2).*

Caves, R. E. (2002).Creative Industries: *Contracts between Art and Commerce. Cambridge,*

    MA: Harvard University Press.

Coase, R. H. (1937) The Nature of the Firm. *Economica,* 4, 386.

Coase, R. H. (1947).The Origin of the Monopoly of Broadcasting in Great Britain.

    *Economica,* 14, 189-210.

Coase, R. H. (1948) Wire Broadcasting in Great Britain. *Economica,* 15, 194-220.

Coase, R. H. (1950). *British Broadcasting: A Study in Monopoly. London:* Longmans Green

    & Cambridge, MA: Harvard University Press.

Coase, R. H. (1954). The Development of the British Television Service. *Land Economics,*

    *30,* 207-222.

Coase, R. H. (1959). The Federal Communications Commission. *Journal of Law and Economics, 2,* 1-40.

Coase, R. H. (1960). The Problem of Social Cost. *Journal of Law and Economics, 3,* 1-44.

Coase, R. H. (1962). The Interdepartment Radio Advisory Committee. *Journal of Law and Economics, 5,* 17-47.

Coase, R. H. (1965). Evaluation of Public Policy Relating to Radio and Television Broadcasting: Social and Economic Issues. *Land Economics, 41,* 161-167.

Coase, R. H. (1966). The Economics of Broadcasting and Government Policy. *American Economic Review, 56,* 440.

Coase, R. H. (1974). The Economics of the First Amendment: The Market for Goods and the Market for Ideas. *American Economic Review, 64(2),* 384.

Coase, R. H. (1977). Advertising and Free Speech. *Journal of Legal Studies, 6(1),* 1.

Coase, R. H. (1979). Payola in Radio and Television Broadcasting. *Journal of Law and Economics, 22(2),* 269-328.

Coase, R. H. (1988). *The Firm, the Market, and the Law.* Chicago: University of Chicago Press.

Coase. R. H.(1997). Looking for results: Nobel laureate Ronald Coase on rights, resources, and regulation, An interview by Thomas W. Hazlett

Coase, R. H., & Barrett, E. W. (1968). *Educational TV: Who Should Pay?* Rational Debate Seminars, American Enterprise Institute.

Coase, R. H., & Johnson, N. (1979). Should the Federal Communications Commission Be Abolished? *Regulation, Economics, and the Law* (Bernard H. Siegan ed.). Lexington, MA: Lexington Books.

Galperin, H. (2004). Beyond Interests, Ideas, and Technology: An Institutional approach to communication and information policy. *The Information Society, 20(3),* 159-168.

Lessig, L. (2004). Coase's first question: When should there not be property rights? *Regulation, 27,* 38–41.

Mosco, V. (1996). *The Political Economy of Communication*. London: Sage Milton.

Mueller, M. L. (2002). *Ruling the Root: Internet Governance and the Taming of Cyberspace*. Cambridge, MA: MIT Press.

North, D. C. (1968). Sources of Productivity Change in Ocean Shipping, 1600-1850. *Journal of Political Economy, 76(5),* 953-970.

North, D. C. (1981). *Structure and Change in Economic History*. NY: Norton.

North, D. C. (1990). *Institutions, Institutional Change and Economic Performance*. Cambridge: Cambridge University Press.

North, D. C. (1993). *The New Institutional Economics and Development*. Working Paper.

Posner, R. A. (1995). *Overcoming Law. Cambridge,* MA: Harvard University Press.

Stigler, G. J. (1968). *The Organization of Industry*. Chicago: University of Chicago Press.

Williamson, O. E. (1996). *The Mechanisms of Governance*. Oxford: Oxford University Press.

Williamson, O. E. (2000). The New Institutional Economics: Taking Stock, Looking Ahead. *Journal of Economic Literature, 38(3),* 595-613.

# 第二章 傳播史

## 壹、傳播史：科技與制度

「傳播史」是一個相當獨特的研究領域。

不像「傳播理論」，或是其他傳播領域的次學門，由傳播學者來進行研究，是一件再理所當然不過的事情。但是不曾認識任何傳播理論，或是與傳播領域沒有任何淵源的「史學家」，一樣也可以進行傳播史的研究，像是 R. Darnton（2000）或是 A. Chandler 與 J. Cortada（2003）；沒有受過任何史學訓練的傳播學者，也有可能寫出一本影響深遠的傳播史著作，像是 W. Schramm （1988 ／ 游梓翔、吳韻儀譯，1996）。更何況，被定位為既不是傳播學者，也不是史學家的學者，也有可能寫出一本可以被定位是傳播史著作的書，例如 S. R. Fischer（2004）。

那麼，什麼是傳播史呢？尼諾（J. Nerone）指出，傳播學者所寫的史學著作，主要可以分成兩大領域（Nerone, 2006）。其一，主要是加拿大學派（the Canadian School），代表性人物是殷尼斯（H. A. Innis）和麥克魯漢（H. M. McLuhan）及其在美國的追隨者，像是 J. W. Carey 和 N. Postman 等人，他們關心的焦點是「媒體科技的大敘述」（the grand narrative of media technologies）。另外一支，則是新

聞史與媒體言論自由史的傳統史學。前者重形式，後者重內容。尼諾
認為，傳播領域的史學研究者通常要比歷史學家更偏好「巨型論述」
（grand narrative），他們相信某種線性的進步觀，相信歷史往某個
特定的方向邁進，不管是共產主義社會或是新聞自由。相對來說，歷
史學家則比較偏重資料的耙梳，著眼於斷代或是個別事件的因果解
釋。

　　本章的重點在於指出，這兩派的研究在過去數十年間雖然有重
大的貢獻，卻也有其嚴重不足之處，特別是在解釋傳播體制的演進與
變革方面，這兩個取徑都有其力有未逮的地方，新制度經濟史作為一
種史學研究方法，可以有效地彌補前述的兩個取徑之不足。

　　司馬遷在他所著的《史記》自序中提到，他的史學觀念的核心
思想是「究天人之際，通古今之變，成一家之言」，可見對於變遷的
解釋自古以來就是史學家關心的重心。

　　過去傳播史的研究，經常自覺或不自覺地以「科技」的出現，
作為一種新的傳播形式得以崛起的關鍵因素，因而也就或多或少
帶有「科技決定論」的色彩。文化研究的先驅者之一威廉士（R.
Williams）在《電視：科技與文化形式》（Television: Technology and
Cultural Form）一書中，駁斥了科技決定論一派的簡單思考（Williams,
1974 ／馮建三譯，1995）。他強調，傳播科技的出現與演化，並不
是像科技決定論者所說的，突然從實驗室中冒出，接著就橫掃全世
界，而是受到人類及科技外的多重社會力量所決定，這當中，威廉士

又特別強調人類「意圖」的重要性。

新制度經濟的史學分析則是強調「制度」在歷史變遷中的重要性。新制度經濟的史學分析發現，在歷史上的許多時期，科技並無重大進展，但是社會的生產力卻有驚人幅度的躍升，根本的原因是社會的「制度」因素有了重大的變革，大大降低了社會的「交易成本」或是「制度成本」。

本章即以此為出發點，探討以新制度經濟史學的方法，來研究傳播史的演進與變遷的可能性，並分析其與其他傳播史研究取徑的異同。

## 貳、加拿大學派的傳播經濟史觀

受正統經濟學訓練，最後卻以傳播為研究領域的學者當中，影響最深遠的應該是殷尼斯和史麥塞（D. W. Smythe）。加拿大籍的經濟學家殷尼斯的著作旁徵博引，往往不是那麼容易歸類，但是他橫跨大時空範圍的論述方式，對古代帝國興衰的詮釋方法，稱他為「傳播史學家」應無太大疑義。

對殷尼斯（1951）而言，歷史可以被理解為，被不同的偏向（biases）切割為一系列的歷史階段。這些偏向間的相互作用，限制與轉化了組織與行動的本質。在不同層次的分析中，殷尼斯用知識壟斷（knowledge monopolies）、歷史帝國（historical empires）以及社會與文化的競爭性秩序（competing forms of social and cultural order）來描述

這樣的相互作用。

在特定的歷史階段，特定的偏向取得優勢，而且這樣的偏向會主導與限制社會關係的走向。殷尼斯認為，每個歷史階段的偏向的特性，可以用主要被使用的媒體或傳播工具來加以界定。有些媒體是時間偏向，適合長久保存（像是石碑），有些媒體則是空間偏向，有利於遠距離傳播（像是紙）。

殷尼斯這種以（媒體）科技來解釋帝國興衰的史觀，自然很容易會被認為具有科技決定論的色彩。但是 Babe（2008）認為，殷尼斯並不是「硬派」科技決定論者（hard technological or media determinist），殷尼斯認為媒介對時間與空間的影響，必須放在媒介被運用的社會與經濟脈絡下來加以理解。殷尼斯指出，科技是與既有的制度性權力和知識的社會結構呈現一種「辯證性的關係」。

值得一提的是，殷尼斯事實上與「制度經濟學」頗有淵源。殷尼斯自美國芝加哥大學取得經濟學博士學位，雖然殷尼斯於芝加哥大學求學之際，舊制度經濟學的奠基者韋伯倫（T. Veblen）已經離開芝大，但是殷尼斯仍然受到韋伯倫很深的影響，在殷尼斯（1950）的《帝國與傳播》（Empire and Communications）當中，殷尼斯也曾明文提及韋伯倫的貢獻。Barnes（1999）甚至認為，殷尼斯的思考方式與韋伯倫有許多相似之處，稱他為「加拿大的韋伯倫」。

繼殷尼斯之後的是麥克魯漢，他同樣強調傳播科技在人類文明進程中的重要性。兩者的差別在於，殷尼斯著重科技對社會組織與文

化的影響，麥克魯漢則將焦點放在傳播科技如何主宰了人類的感官發展。

受到殷尼斯、麥克魯漢等「加拿大學派」的影響，儘管未曾言明，許多傳播史的寫作幾乎就等同於（傳播）科技史，特別是在大時空範圍的傳播史著作。尼諾（2006）認為，（傳播）科技史研究最重要的脈絡，是「科技的社會建構」（the social construction of technology）。科技的社會建構論有一派是從文化面向出發的，像是強調媒介形式的重要性的麥克魯漢、Carey 以及 Postman 等人，也有從權力觀點出發的傅科（M. Foucault）、德勒茲和瓜達里（G. Deleuze & F. Guattari）等人，另外一派則是從經濟觀點來看的史麥塞和許勒（H. Schiller）等人，但仍擁有「科技的社會建構」這樣一個共同的語彙。

其他經典的傳播科技史研究還包括了，Eisenstein（1979）探討印刷媒體在擴散、保存與標準化資訊上發揮的作用，以及這些作用如何促成了新教改革、文藝復興、以及科學革命；Steinberg（1961）則是檢視了自從活字印刷發明以來的五百多年間印刷書的演進。Anderson（1991）探討了傳播科技（印刷品）在促使想像的共同體成其可能所發揮的作用。McChesney（1993）的美國廣播政策史研究則是強調政治經濟。

如果說過去的傳播史研究並不重視「制度」重要性，也並不正確。Schramm（1988／游梓翔、吳韻儀譯，1996）的《人類傳播史》

（The Story of Human Communication），便有很大的篇幅在論述各種社會「機制」在傳播過程中所扮演的角色，像是城市、學校，以及大眾傳播本身。新制度經濟史獨特的分析視角在於，將表面上看來相當紛雜的各種制度，統攝在一個一致性與系統性的「交易成本」（transaction cost）或說是「制度成本」（institutional cost）概念之下，因而可以讓分析更具有高度的理論性與解釋力。

對比來看，殷尼斯認為，一個帝國的興衰，和一個政治組織能否在時間偏向與空間偏向之間取得平衡有很大關係。在殷尼斯眼中，所謂適當的治理，就是要克服在任何歷史階段特定媒介在偏向上的一面倒優勢。大型政治組織能否永續，要看它能否克服媒體的偏向過度強調時間或空間的問題。能夠繁榮興盛的帝國，都是被不只一種媒體所影響的帝國，一種媒體的過度偏向，能夠被另外一種媒體加以平衡。

從人類的歷史來看，對時間與空間的控制的需求總是持續在擺盪當中，而文明就是在這兩者取得平衡之際漸趨成熟，直到這樣的平衡被打破為止。換言之，殷尼斯認為，歷史的變遷，乃是時間與空間的媒介的交互作用所導致的。

Babe（2008）認為，殷尼斯是以一個社會或文明的物質條件（基礎）來為歷史定錨。像古代埃及刻在石板上的象形文字，有助於時間偏向的神權統治，後來的草紙運用則有利於抄寫員的權威，並鼓勵了數學與科學的發展。羅馬後來征服了埃及，得到了草紙的供給，是羅

馬得以成為一個大型行政帝國的關鍵。

　　徐桂權（2004）認為，同為經濟學者出身、加拿大學派的創始人殷尼斯對於傳播史的研究，焦點幾乎都是放在傳播工具（科技）對於社會的影響，較少顧及社會制度對於傳播體制的影響。麥克魯漢將西方文明分為四個階段—口述、文字、印刷與電傳，明顯也是以傳播科技作為文明進程的區隔。徐桂權認為，新制度經學能夠彌補殷尼斯媒介理論中，制度層面論述的不足，兩者都擺脫了傳統經濟學理論的束縛，但是新制度經濟是把制度視為人類歷史運轉的軸心，而非技術。

## 參、什麼是傳播新制度經濟史？

　　新制度經濟學最核心的理論基礎，是交易成本的概念。交易成本的觀念並不複雜，寇斯（R. H. Coase）從一個最簡單的疑問開始了他的探究（Coase, 1937）：如果市場機制真如新古典主義所說的那樣完美，那麼為何還會有廠商存在？理論上市場應該是充斥著如原子般的個體，但實際上，即使是像美國這樣高度崇尚市場經濟的國家，仍舊存在著動輒數十萬人的大型企業。寇斯的回答則是，運用市場做為一種資源的分配與統治機制，是有成本。廠商內部的行政控制作為一種資源分配與統治機制一樣有成本，因此組織人類行為的社會制度呈現何種樣貌，要看交易成本與行政成本的相對高低而定。

　　用這樣的概念來進行產業組織的研究，一個產業之所以由市場、大

型企業、或是網路關係取得主導性地位的產業樣貌，是源自產業的屬性、環境變動的快慢、信任關係的高低等等所導致的交易成本與行政成本落差；用這樣的分析方法來進行傳播政策的研究，則是分析不同的政策所可能導致的制度成本差異—中央計畫經濟的國家可以視為是高度仰賴行政控制的組織形式，類似大型企業的運作方式；用交易成本的概念來進行傳播史的研究，則是帶有「制度演化」的色彩—具備制度成本優勢的組織模式將會淘汰制度成本偏高的社會組織模式，而能夠有效降低交易成本的社會將會更為繁榮興盛。

另一位新制度經濟學的關鍵人物諾斯（D. C. North）的主要貢獻，則是將交易成本的概念如何應用到史學研究予以深化與理論化。

諾斯（1997）指出，儘管有些史學研究的確從不同的理論中得到一些啟發，但是能夠幫助分析制度變遷現象的理論卻很少。在缺少有效理論的情況下，史學家只能侷限於記錄、描述與歸納，而且願意承認這樣的侷限性的史學家很少。這也導致優秀的史學作品，常常不是奠基於明確的前提的邏輯推衍，而是直覺知識。這樣的直覺之所以經常能夠戰勝數學，並不是因為歷史學家盲目地拒絕拜倒在科學的祭壇之下，而是他們能夠運用的理論通常解釋能力很差，與事實相去甚遠。

諾斯認為，能夠預言未來和解釋過去的理論，只能從關注邏輯的理論家跟解釋過去的歷史學家間的互動得來。

新制度經濟學，自從兩位經濟學家諾斯與寇斯在 1990 年代接踵獲

得諾貝爾經濟學獎以後，在經濟學界的影響力與日俱增，有漸成顯學之
勢[1]。寇斯雖非史學家，但其著作，多數由產業的歷史考察出發，詳細
評估一個產業當中不同歷史階段的管制對於產業的實質影響，像是燈
塔、廣播、以及電視等產業，而不是抽象的理論推衍。因此，寇斯的著
作具有明顯的歷史實證主義色彩，儘管他所使用的方法並不是美國學者
慣用的數學工具。另外一位諾斯，則是以經濟史做為其主要的研究對
象。諾斯（1997）認為，寇斯關心的是決定企業存在與否的交易成本，
他自己關注的核心則是決定整個經濟績效的交易成本。

王盈勛（2010）的研究指出，以寇斯為首的傳播新制度經濟思想有
幾個核心。首先，寇斯是價格體系作為資源分配手段的支持者，卻不認
為價格是傳播資源分配的唯一最佳方式。寇斯指出，只有交易成本為零
的情況下，價格機制才是唯一最佳資源分配方式，但是這在真實世界中
並不存在。

其次，寇斯認為，任何的資源或是權力指派方式都有人受益，有人
受害，言論自由或是廣告市場也不例外。權力或資源分配最重要的依
據，是社會福利的最大化（受益大於受害）。權力或是資源分配最重要
的方式（不管是政策或是法院判決），是有效地降低交易成本，讓資源
能夠流向能夠創造最大收益的人身上。

此外寇斯也認為，傳播產業和其他產業一樣，都可以用相同的方

---

1. 將寇斯的交易成本理論進一步深化的 O. E. Williamson，也在 2009 年獲得諾貝爾經濟
學獎。

法來管制，但是這並不等同於所有產業的管制與法規都應該是一樣的。

　　邱彭生（2005）表示，受到寇斯啟發的經濟史研究，至少包括以下兩個範疇：其一，是偏重組織外部環境變動的「制度分析」（以諾斯為代表性人物），將經濟史研究由講究量化的「新經濟史」，轉向強調交易成本的重要性的「新制度經濟史」，並發展出由「經濟組織、國家與法律、意識形態」三個層面架構起來的經濟變遷史的鉅型理論。其二則是偏重組織內部結構變動的「制度分析」（以 O. E. Williamson 為代表人物），分析的出發點是由「公司治理」（corporate governance）的角度對資本主義企業進行分析，以及 A. Chandler、S. Cochran 等學者的企業史研究。

　　新制度經濟史學，是以修正新古典主義計量史學為出發點。奠基於新古典理論的計量史學，是運用數學計量的方法，來設定與檢驗歷史模型。在計量史學之前的經濟史，因為缺少結構完整的理論和統計資料，因此很難做出具有普遍性的結論，或是超出個案本身特性的分析。

　　但是新古典的計量史學理論也有其問題。新古典理論關心的是固定時間點下的資源配置，這對以「解釋隨時間而改變為核心問題」的歷史學家而言，是非常嚴重的缺陷。此外，新古典假設資源配置是在沒有摩擦的情況下，也就是制度不存在或不重要，而這明顯與對歷史的查考不相符。諾斯認為，只有在「國家不干預、交易成本為零、偏好具有持久性」的前提之下，新古典模型才能成為有效解釋歷史變遷的理論。這兩個問題加起來，讓計量史學忽略了經濟史真正的目的：設法解釋歷經

時間之下的社會成長、停滯與衰敗等各種型態,以及探討人類互動必然產生的摩擦,如何造成極端分歧的結果。諾斯指出,人類歷史上的許多社會與政治實體,在技術水平與成就上是相近的,但是在經濟表現與文明進程上卻有顯著的不同,而這只有將「制度」因素納入考慮,才能獲得有效而完整的解釋。

諾斯(1990 / 劉瑞華譯,1994)指出,知識和技術存量決定了人類活動的上限,但它們本身並不能決定在這些限度內,人類如何取得成功 -- 當多數的技術都是人皆可得的情況下,為何富國與窮國的差距依舊如此明顯?諾斯認為,政治和經濟組織的結構(也就是「制度」上的差異),決定了一個經濟的實績,以及知識和技術存量的增長速度。

理解制度結構的兩個主要基石則是國家理論和產權理論。因為國家界定產權結構,因而國家理論是根本性的(而這也是新制度經濟學與新古典主義經濟學的根本差異)。諾斯認為,新制度經濟學的研究進入了政治經濟的領域,因為能夠被清楚界定與實施的產權制度,需要一個有效率的政治體制。諾斯(1981)指出,其理論的基石是:

一、 描述一種體制中激勵個人與組織的產權理論;

二、界定實施產權的國家理論;

三、影響人們對「客觀」存在變化的不同反應的意識型態。

以諾斯(1968)自己的研究為例,他所展示的,是在 1600-1850 年的兩百五十年間,世界並未出現以輪船替代帆船之類的革命性技術躍進,但是在這段期間內,海洋運輸的生產力卻有大幅的增長,原因就在

於當時船運與市場制度的重大變革—政府大力掃蕩海盜，讓海運的維安成本大幅降低（也就是諾斯所說的「產權」的維護）。

在實證研究研究方面，這領域的研究仍然相當有限。Mueller（2002）的著作運用制度經濟的分析方法，分析了網域名稱統治分配制度的浮現過程，可以算是一種網際網路發展史的嘗試。Benkler（2002）則是試圖運用交易成本的概念，來解釋網路開放原始碼社群的崛起。

費夫賀與馬爾坦（L. Febvre & H. Martin）的史學鉅著《印刷書的誕生》（The Coming of the Book: The Impact of Printing, 1450-1800），在實質上是用社會制度的變革，解釋了印刷書在歐洲擴散開來的原因，但是著作並未使用「制度成本」或是「交易成本」的概念來涵蓋它（Febvre & Martin, 1958 ／李鴻志譯，2005）。

近年來風起雲湧的開放原始碼運動以及創用運動（Creative Commons），則是提供了另外一個從交易成本的角度來分析智慧財產權的機會。秘魯的經濟學家 De Soto（2003 ／王曉冬譯，2005）指出，沒有產權的清楚界定，就沒有／無法交易，一個產業就無法蓬勃發展。但是到了二十一世紀，我們面對的問題不是沒有智慧財產權，而是過於嚴苛的智慧財產權。科技大廠間的智慧財產權訴訟，動輒以數十億美元計算[2]，科技大廠也開始以法律訴訟作為威嚇小廠商的工作。史丹福大學法律系教授 Lessig（2004 ／劉靜怡譯，2008）指出，

---

2. 如 2007 年 2 月，美國聖地牙哥法院宣判微軟需賠償 Alcatel-Lucent 15.2 億美金。

智慧財產權是必要的，但是絕不是越嚴格越好，如果拍攝一部紀錄片，鏡頭中不小心拍攝到的電視畫面也要付給電視台上萬美元的「版權費用」，或是建置電影資料庫，還得逐一徵得電影史上每一個演員的同意，這樣的紀錄片或是電影資料庫將永遠無法完成。從交易成本的角度來分析，過於嚴苛的智慧財產權制度同樣會使交易成本驟然升高，其危及一個產業的存續的程度，不亞於不成熟的智慧財產權制度。

## 肆、新制度經濟學與新制度主義的異同

值得一提的是，社會科學中近年蓬勃興盛的「新制度主義」（new institutionalism）與經濟學中新制度經濟（new institutional economics），兩者同樣關注「制度」的重要性，關心的焦點卻未盡相同，經常很容易造成混淆。Drobak & Nye（1997）指出，被外界稱之為「新制度主義」（包括新制度主義與新制度經濟學）的著作，通常關注以下四個研究領域，但也幾乎沒有任何學者同時橫跨這四個領域的研究：

一、交易成本與產權；

二、政治經濟學與公共選擇；

三、數量經濟史；

四、認識、意識型態與路徑依賴的作用。

　　新制度主義主要盛行於政治學與社會學界，主要是探究制度間
的相互作用、及其如何影響社會運作；新制度經濟學的焦點則放在交
易成本（transaction costs）的組成與變動在歷史變遷與社會組織形塑
中的作用。像王躍生（1997）在《新制度主義》一書的導論中就開宗
明義地說：「『新制度主義』者，『新制度主義經濟學』之謂也」，
但實則全書談的都是新制度主義經濟學，而非一般華文世界所稱的新
制度主義。

　　Star（2004）的《媒體的誕生》（The Creation of the Media）是
典型從新制度主義的研究方法出發的傳播研究，論證傳播科技的發
展，多半是由有意識地在辯論的過程中所產生的政治決策所催生的。
這些決策既是（傳播科技）發展的路徑，卻也是未來發展的限制之
所在。尼諾（2006）認為，Star 的分析雖然涵蓋了文化與政治經濟
兩個面向，但是政治經濟顯然佔據了比較重要的地位。約莫是同一
個時間點完成的 Sterne（2004）著作《聽得見的過去》（The Audible
Past）則是偏重文化面向。

　　區分新制度主義與新制度經濟學間的差異之所以是重要的，是
因為兩者都強調「制度」的重要性，能夠修正新古典主義對於市場與
個人選擇的過度強調（新制度主義著眼於制度在人追求自利過程中的
制約作用；新制度經濟學則是主張，在交易必然存在成本的真實世界
中，市場不必然是最有效率的一種制度），也能為傳播政治經濟學傳

統反對市場，但是往往也只能提供「公共」這樣抽象的替代性制度選
項的思維，提供一個可具體分析制度優劣利弊的理論取徑（王盈勛，
2010）。

## 伍、結論

解釋傳播體制的演進，「科技」在過去被認為是最重要的變因。
新制度經濟史學提供了一套全新的詮釋傳播史的方法。這樣的方法，
以「交易成本」或是「制度成本」概念為核心，認為制度變遷最主要
的動因源自制度成本的變動。

諾斯（1981）指出，集體行動是社會變遷的基本力量，但是
以新古典經濟學理論來詮釋社會變遷，無法將為何「搭便車」(free
riding) 行為不會導致集體行動的瓦解納入模型當中。

馬克思（K. Marx）把技術變化，而不是古典理論中的人口增長，
視為變遷的原動力。他批評了馬爾薩斯（T. R. Malthus）認為人類依
賴物質而生存，以及人口出生率是由文化所決定的觀點。在馬克思的
理論中，技術的變化導致生產技術的進步，而其潛力無法在現有的經
濟組織實現，這也是馬克思著名的「生產力與生產關係間的矛盾」的
論點。馬克思預言，將會有一個充滿活力的新興階級起來推翻既有的
體制，創建一個無產階級能夠將新技術的潛力轉化為現實的新型產權
形式。

諾斯讚揚，馬克思的理論是所有既有的理論當中，對長時間範

圍的歷史變遷最有解釋力的，因為是馬克思具備了新古典理論所遺漏的所有因素：制度、產權、國家和意識型態。馬克思強調產權在有效率的經濟組織中的重要性，以及現有的產權制度與技術的潛力間的矛盾性，這是一個很大的貢獻。馬克思認為，技術的變化造成了這種矛盾性，但是社會的變革只有透過階級鬥爭才能實現。

但是諾斯也批評，馬克思主義強調階級是結構變遷的主要動因，同樣是忽略了搭便車問題，馬克思主義者認為人們會置自我利益於不顧，而是按照一個階級的利益行事，甚至做出相當大的個人犧牲[3]。馬克思同時也忽略了階級內的差異，因而無法解釋階級為何無法成為集體行動的團體。此外，諾斯也指出，馬克思漠視技術以外的歷史變遷解釋因素，以及缺乏解釋技術變遷的速率的一般性理論。

總的來說，新制度經濟史的分析方法，或許能在左（馬克思的歷史觀）右（新古典主義史觀）之間，開創出一套全新的詮釋歷史變遷的理論。新制度經濟史與馬克思主義的史觀同樣強調產權、意識型態與國家的重要性，因此同樣可以納入「政治經濟學」的範疇，但是對於產權之為用，卻又有截然不同的看法。諾斯肯定新古典主義計量史學在理論化上貢獻，但是同時也批評計量史學流於靜態，無法解釋歷史的動態變遷，並且忽略了制度的關鍵性作用。

費夫賀與馬爾坦的研究指明，印刷書在歐洲得以廣為流傳，除

---

3. 但是諾斯的批評也有其問題，雖然各種組織中的搭便車行為非常普遍，但是我們似乎也不能忽略，許多改變歷史的重大事件，的確是由許多不計個人利害得失的人所完成的。

了技術因素之外，著作權制度的建立、銷售中間人的出現、付款機制的成熟化、以及書籍交易市集的蓬勃發展等因素降低了交易成本，也是非常重要的關鍵因素。

　　然而，本研究仍存在限制，有待進一步的發展。諾斯定義的經濟增長，是以總產出、人均產出以及社會收入的分配等來定義績效。但是當我們進行傳播史的研究時，制度變遷所帶來的績效需要適度的加以修正，無法直接加以援用。

　　交易成本的概念經常也被批評過於廣泛、籠統，馮建三（2008）批評，交易成本似乎是一個可左可右的概念，Benham & Benham（2000）認為交易成本範圍的界定莫衷一是，因此很難加以衡量。此外，交易成本與社會制度、政府政策乃至文化習俗都有關聯，而這些因素都很難量化。儘管目前也有一些學者投入如何衡量交易成本的研究，如 Wang（2003)，但是距離可量化操作仍有一段距離。

# 參考書目

王盈勛（2010）。〈傳播新制度經濟學的理論基礎〉，傳播與社會學刊，

　　12，55-78。

王曉冬（譯）（2005）。資本的秘密 ( 原作者：De Soto,H.)。台北：經濟新潮社。

　　( 原著出版年：2003)

王躍生（1997）。新制度主義。臺北：揚智。

李鴻志（譯）（2005）。印刷書的誕生 ( 原作者：Febvre, L. & Martin, H. )。

　　台北：貓頭鷹。( 原著出版年：1958)

邱彭生（2005）。〈經濟、法律與文化：介紹「新制度經濟史」研究的若干趨向〉

　　台大歷史系中國史（二）課程演講，台北：台灣大學。

　　取自 http://idv.sinica.edu.tw/pengshan/IntroducingNIEH2005May.pdf

徐桂權（2004）。傳播圖景中的制度─由英尼斯的媒介理論談起，國際新聞界

　　3：49-53。

游梓翔、吳韻儀 ( 譯 )（1996）。人類傳播史 ( 原作者：Schramm, W.)。臺北：遠流。

　　（原著出版年：1988 )

馮建三 ( 譯 )（2008）。跋。科斯的傳媒論述：與激進的反政府論對話。傳媒、市場

　　與民主（頁 377-400）( 原作者 :Baker, C.E)。台北：巨流。（原著出版年 :2002)

馮建三 ( 譯 )（1995）。電視：科技與文化形式 ( 原作者 :Williams, R.)。台北：遠流。

　　（原著出版年 :1974)

劉瑞華 ( 譯 )（1994）。制度、制度變遷與經濟成就 ( 原作者 :North, D. C.)。台北：

　　時報出版。( 原著出版年：1990)

劉靜怡譯（2008）。誰綁架了文化創意？如何找回我們的「自由文化」

（原作者:Lessig, L.)。台北：早安財經。（原著出版年:2004)

Anderson, B. (1991). *Imagined communities: reflections on the origin and spread of nationalism*. London, UK: Verso Press.

Babe, R. E. (2008). Innis and the emergence of Canadian communication/media studies *Global Media Journal, 1(1),* 9-23.

Benham, R., & Benham, J. (2000). Measuring the costs of exchange. In C. Ménard (Ed.), I*nstitutions, contracts and organizations: perspectives from new institutional economics* (pp. 367-375). Cheltenham, UK: Edward Elgar.

Benkler, Y. (2002). Coase's penguin, or, Linux and "the nature of the firm". *Yale Law Journal, 112 (3),* 369-446.

Coase, R. H. (1937). The nature of the firm. *Economics, 4(16),* 386-405.

Chandler, A. & Cortada, J. (2003). *A nation transformed by information: How information has shaped the United States from colonial times to the present*. Oxford, UK: Oxford University Press.

Darnton, R. (2000). An early information society: news and the media in eighteenth-century Paris. *American Historical Review, 105(1),* 1-35.

Drobak, J. & Nye, J. (1997) The frontiers of the new institutional economics. San Diego, CA: Academic Press.

Eisenstein, E.L. (1979) *The printing press as an agent of change: communications and cultural transformations in early modern Europe*. Cambridge, UK: Cambridge University Press. .

Fischer, S. R. (2004). *History of writing*. London, UK: Reaktion.

Innis, H. A. (1950). *Empire and communications,* Toronto, CA: University of Toronto Press.

Innis, H. A. (1951). *The bias of communications. Toronto,* CA: University of Toronto Press.

McChesney, R. W. (1993). *Mass media, telecommunications, and democracy*. Oxford, UK:
    Oxford University Press.

Mueller, M. L. (2002). *Ruling the root: internet governance and the taming of cyberspace*
    Cambridge, MA: MIT Press.

Nerone, J. (2006). *The future of communication history, Critical Studies in Media*
    *Communication 23(3),* 245-262.

North, D. C. (1968). Sources of productivity change in ocean shipping, 1600-1850. *Journal*
    *of Political Economy, 76 (5),* 953-970.

North, D. C. (1981). *Structure and change in economic history*. New York, NY: Norton.

North D. C. (1997). Prologue. In Drobak, J. & Nye, J (Eds.), *The frontiers of new institutional*
    *economics* (pp. 3-12). San Diego, CA: Academic Press.

Star, P. (2004). *The creation of the media: political origins of modern communications*. New
    York: Basic Books.

Steinberg, S. H. (1961). *Five hundred years of printing*. Harmondsworth, UK: Penguin
    Books.

Sterne, J. (2004). *The audible past: Cultural origins of sound reproduction*. Durham, NC:
    Duke University Press.

Wang, N. (2003) Measuring transaction costs: An incomplete survey, Ronald Coase Institute
    Working Papers, No. 2, 取自 http://www.coase.org/workingpapers/wp-2.pdf

# 第三章　產業組織與管理

## 壹、過去傳播產業組織的研究

產業組織 (industrial organization) 的研究，研究的是一個產業的「長相」。在新古典主義經濟學的脈絡之下，「產業」其實是一個不存在的分析層次，只有「廠商」在「市場」中，從事各式各樣的行為。一直要到產業組織經濟學出現以後，以產業為單位的經濟分析才開始受到重視。這當中最著名的，在傳播產業研究中被應用最廣的，是所謂的 S-C-P(structure-conduct-performance) 模式 ( 陳炳宏，2001) （ 表3-1 ）。

傳播領域對於傳播產業組織的研究，主要援引以新古典主義為依歸的產業組織經濟學，以及批判傳統的政治經濟學。這兩大傳統雖然關心的焦點各異其趣，但是卻有一個共同關注的核心：傳播產業的壟斷問題。

對於壟斷問題的高度關注，固然讓我們對於產業結構如何影響媒體內容的產製有更多理解，卻也限制了傳播產業研究的思考面向，似乎除去壟斷問題以外，沒有其他的產業組織議題值得關注。本章將探討，新制度經濟學的理論，如何運用在傳播產業組織與傳播管理的研究上，並探討其與上述兩個研究取徑之間的關係，特別是對壟斷與產權問題的解釋。

## 產業組織之研究架構

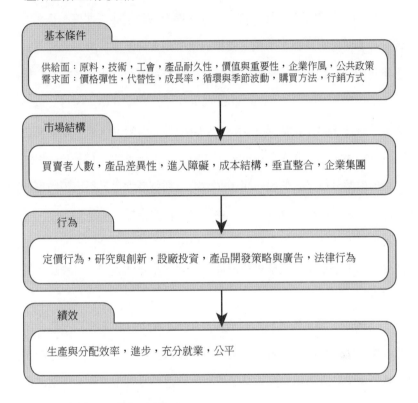

**基本條件**
供給面：原料，技術，工會，產品耐久性，價值與重要性，企業作風，公共政策
需求面：價格彈性，代替性，成長率，循環與季節波動，購買方法，行銷方式

**市場結構**
買賣者人數，產品差異性，進入障礙，成本結構，垂直整合，企業集團

**行為**
定價行為，研究與創新，設廠投資，產品開發策略與廣告，法律行為

**績效**
生產與分配效率，進步，充分就業，公平

表3-1 產業組織之研究架構，資料來源：Scherer(1980)

新制度經濟學的概念主張，一個產業的組織方式，要看市場的交易成本與廠商的（內部）組織成本間的相對關係而定。廠商不會像部分批判的政治經濟學者所宣稱的那樣，一味無止境地擴張企業的規模（可以享有規模經濟的好處），而會有規模上的侷限，因為規模越大，

組織成本上升的速度越快,最終將會超越運用市場的成本。

　　這樣的解釋產業組織的方式,顯然與新古典主義經濟學有很大的差異。新古典經濟認為,市場(價格)機制是資源配置的唯一最佳方式。寇斯(1972)指出,1960 年代的產業組織理論教科書,基本上只能算是「應用價格理論」(applied price theory),威廉森(1975)也同意這樣的看法,但是他認為,S-C-P 典範在產業組織也扮演了重要角色。威廉森指出,過去產業組織的研究,幾乎一面倒地由 S-C-P 分析模式所主導,這個分析模式假設,企業必然追求利潤最大化,不重視內部組織結構,並且將市場結構描述為一些可以量化的指標,像是集中度、進入障礙等等,而市場與層級結構的交易分配,則被視為是已知的。新制度經濟學則主張,企業內部的科層控制,在某些條件之下,可能是更有效支配資源的方法。

　　這樣的解釋也與批判的政治經濟學大不相同,政治經濟學取向的研究者往往傾向於假設,資本家出於貪婪或是獲利最大化的追求,總是試圖擴張企業的規模與壟斷力量,這樣的慾望是沒有止盡的,企業的規模則是越大越好。像 Bagdikian(1983) 便認為,許多大型媒體集團都熱衷於擴大規模,耗費大量的人力、物力與精神,發動一波又一波的購併活動。而 Bagdikian 認為,這背後的因素不脫兩個:金錢與影響力。Bagdikian 對於資本家的企圖心的描述可能沒錯,但是規模越大,是不是就表示越符合媒體企業的策略目標,以及隨之而來的獲利呢?新制度經濟學的解釋便與批判的政治經濟學有很大的不同:組織規模大到一定程度之後,

行政管理成本增加的速度,可能高於市場的交易成本,進而導致規模的擴張反而對企業是不利的。或從產業演化的角度來看,罔顧科層控制的侷限性而盲目擴張的企業,終將會被更能有效管理交易成本的企業所取代或淘汰。組織的規模,要看科層控制與市場機制的相對成本而定。

此外,威廉森(1975)指出,過去針對經濟組織的研究,經常將市場與組織管理模式當成兩個截然不同的問題來處理,前者屬於經濟學家的範疇,處理的是進入障礙、市場結構、以及業者之間的互動關係等等議題;後者則是管理學者關注的焦點,研究的則是單一廠商的策略、架構或是活動對營運績效的影響。威廉森則認為,只有將兩者合而觀之,才能理解兩種模式的相對力量與侷限。因此,在新制度經濟學的脈絡下,產業(經濟)與管理問題實為一體之兩面,我們也將在本章中一併加以探討。

## 貳、新制度經濟學的傳播產業組織研究

新制度經濟學針對產業組織的核心概念,源自交易成本理論。這個世界的組織(包括營利與非營利),為何呈現諸多樣貌,有商業公司、有消費合作社、有合夥人機構(像會計與律師事務所)、有產業聯盟,而不是如新古典主義經濟學所假設與預測的,制度只有一種(也就是市場或價格),廠商則只是個組合生產函數的黑盒子,正是因為交易成本的存在,人類要完成不同類型的任務,需要不同的組織形式以最小化交易成本。

　　落實到一個產業的層級來看，一個產業的「長相」，要看市場的交易成本與產業內的廠商的組織成本間的相對關係而定。每個產業的屬性不同、主力產品不同、身處不同國家的文化與社會脈絡不同，因而得以最小化交易成本的產業型態與樣貌也會不同。

　　將新制度經濟學應用於產業組織的研究，最重要的貢獻者是 2009年的諾貝爾經濟學獎得主威廉森 (Oliver E. Williamson)。威廉森是繼寇斯與諾斯之後，第三位以新制度經濟學相關理論獲獎的經濟學家，他同時也是新制度經濟學的命名者。

　　在威廉森的分析中，各種經濟制度存在的主要目的，都是為了節省交易成本。基本的組織類型，則是包括了市場、科層制，以及介於兩者之間的諸多準市場 (quasi-market)，當下相當盛行的網絡型組織即屬此類。而新制度經濟學的首要工作，則是在於評估與判定不同組織型態的交易成本，設計不同的管理或治理機制。

　　具體而言，威廉森認為，交易成本可以區分為契約簽訂前的事前成本，以及契約簽訂後的事後成本。事前成本包括擬定合約、就契約內容進行協商、以及確保合約能夠有效履行所付出的成本；事後成本則包括毀約、求償等所需付出的成本。新古典主義經濟學經常開宗明義指稱，因資源有限，其核心要義為「選擇」(choice)，而新制度經濟學在威廉森將寇斯的交易成本概念理論化的努力下，則是逐步發展出以「契約」(contract) 為主軸的理論架構。真實世界中的各種組織形式（同時也是資源統治機制），像是企業、工會、資本市場、勞動

市場、或是消費者協會等等，都可以視為是條件互不相同的契約，而組織／統治形式的問題，也就是為了達成特定的目標，如何簽訂契約的問題。

威廉森指出，寇斯雖然早在 1930 年代就提出交易成本的概念，但是這樣的概念沒有可操作性，因而很難加以驗證，使交易成本的概念在經濟學界沈寂了很長一段時間，當然也就更遑論經濟學界以外的影響力。

威廉森（1976）認為，決定交易形式的，主要有三個因素：資產專屬性（asset specificity）、不確定性 (uncertainty) 以及交易頻率。資產專屬性指的是，在不影響生產價值的前提下，一項資產重新被應用於其他替代用途，或是被其他的使用者重新加以調配應用的程度。換句話說，一項資產若是越僅限於特定時空、特定組織內部、或是特定條件下才有其運用的價值，資產的專屬性就越高，反之就是一般性資產。像報紙使用的印刷機，萬一報社不幸倒閉，印刷機如果不能改印其他出版品（像是雜誌或傳單），就屬於專屬性資產，如果可印刷的範圍很大、彈性很高，就屬於一般性資產。

威廉森（1996）指出，在決定交易形式的三個要素當中，資產專屬性佔據了最關鍵的位置，也是交易成本經濟學與其他解釋經濟組織的理論最大不同之處。以有線電視市場為例，如果一家公司投資進行了電視節目的製作，這些節目如果不透過有線電視系統台的播送就無緣在觀眾面前播出，那麼這樣的投資便屬於專屬性資產。台灣壹傳媒於 2010 年推出的壹電視，狀況便與此類似，專屬性資產的投資將使廠商面臨很高

的風險,上下游廠商的投機行為有可能使業者蒙受很大的損失(比方說,系統業者可以先抵制節目的播出,再趁機低價收購電視台)。

為了避免這樣的情況發生,廠商可能必須採取一些策略性作為,像是與系統台先簽訂長期契約(但仍有毀約的風險)、或是直接購併系統台(也就是垂直整合),從而也就決定或改變了產業組織的樣貌。至於那個是較佳的策略選擇,則是要看不同活動的相對生產成本與交易成本而定—垂直整合降低了交易成本,但是自行營運有線電視系統台,卻有可能因為對該產業並不熟悉、沒有專業性,或是沒有規模經濟,因而提高了生產成本。

不確定性指的是,因為有限理性 (bounded rationality) 和投機傾向(opportunism)的必然存在,導致的對未來的不確定程度。這樣的不確定性,使得完美的組織模式與統治機制並不存在,管理者與決策者只能追求可接受的解答,而非最優解決模式。進行契約關係的交易者,只能盡己所能設想各種可能發生的情況,協商設計出一個交易方都能接受的治理機制,以便規範交易各方的行為。

交易頻率指的則是交易發生頻繁與否。

威廉森這樣的分析架構,可以用以探討企業的垂直整合、水平擴張、科層組織與市場的疆界、工作與勞動組織的樣貌、企業的治理結構、以及政府的反壟斷措施等議題,從而也界定了新制度經濟的研究範圍。

## 參、不同的經濟學取徑對壟斷的看法

新古典主義經濟學的基本前提是，市場競爭有助於社會與消費者福利的最大化，因此，除了完全競爭以外的市場樣貌（包括完全壟斷、少數寡佔等等），都是程度高低不同地妨礙了福利最大化的狀況。

在完全競爭市場中，任何單一廠商都無力決定其市場行為（包括定價、產品差異化等等），而是被市場所決定。但在實務中，完全競爭幾乎不存在，因此產業經濟學的核心，便放在市場結構、廠商行為與其績效間的關係。而奠基於產業經濟學的公共政策的要點，則是放在什麼樣的壟斷情況是政府介入的時機。

這樣的時機通常最常出現在兩種狀況之中：一是產業具有明顯的產業外部性 (externality)，二是產業具有自然壟斷（natural monopoly）的特性。有趣的是，批判性的傳播產業研究者經常也援引外部性的概念，作為政府應介入傳播產業的合理性基礎，導致左右翼傳播經濟理論有著共同的理論根源，反倒是如第一章所說的，寇斯並不認為外部性的存在必然應該推導出政府介入的結論。寇斯認為，外部性的存在，本身無法構成政府介入的正當理由，市場無法內部化外部性，國家可能也同樣不行。

自然壟斷，是指一個產業在生產上有規模報酬遞增的現象，競爭將導致資源的浪費，由單一廠商來提供產品或服務，反而更符合經濟效益原則，像是電力、自來水、鐵路與電信等產業均屬此類。這樣的

產業通常會由政府出面授予特許經營的權力,對具有自然壟斷性質的產業進行進入市場的限制,維持其獨家壟斷經營的局面。同時為了避免該廠商依其壟斷地位牟取暴利,政府通常也會對其服務制訂收費標準,使其服務具有公共性質。

對於「壟斷」的厭惡,是左右翼的傳播研究學者罕見的共同語言,不過這樣的共同點,是僅止於表面上的。

首先,兩者反壟斷背後的意識型態是不同的。自由主義傳統的反壟斷,信仰市場機制是最有效的資源分配方式,在完全競爭的市場狀態下,廠商只能是價格的接受者而非制訂者,消費者福利因而得以最大化。任何廠商如果得以壟斷市場,自然會被視為是對市場制度的一種威脅,必須加以制止或防範。

批判的傳播政治經濟學主張,壟斷是資本主義傳播體制遂行其資本擴張,有利於其進行再生產的舉措,背後的成因則是資本家貪得無厭的逐利動機。對傳播政治經濟學者來說,任何形式的商業或資本壟斷皆不可取,因為經濟基礎決定/影響了文化產製,文化的多元性或是公共性必然會因企業的不同層次的壟斷而遭到扼殺。傳播政治經濟學期待取而代之的是政府壟斷,只是並非以壟斷之名。與左翼分析傳統不同的是,政府介入市場所造成的壟斷,對自由市場論者來說,同樣具有高度的負面效益。

此外,美國學者 D'Aveni(1998)則是從產業創新動態(他將其稱之為超優勢競爭(hyper competition))來看待產業結構與壟斷問題。

他認為，過去的產業經濟學及衍生而來的反托拉斯法假定市場是靜態的，單一企業能夠維持長久的競爭優勢，進而形成獨佔或接近獨佔的企業。而反托拉斯的功用，就是要反制企業以合謀來維持其競爭優勢。

反托拉斯法的中心精神，就是要維持競爭的均勢，藉以實現完全競爭。方法則是創造一個不受任何個人或企業主宰的競技場，讓企業得以在其間公平競爭。D'Aveni 指出，在超優勢競爭的環境中，已經不需要反托拉斯法來保障市場的競爭性。優勢在超優勢競爭中注定會被摧毀，因為企業會不斷創新產品、加入價格／品質的競賽、開展舊市場或進入新市場、與其他企業聯盟、或是厚植其資本。

現行的反托拉斯法是以 S-C-P 理論為基礎，這個理論主張競爭優勢主要來自獨佔或市場的力量，而獨佔的公司必然會提高產品售價或是降低產品品質，進而從中獲取暴利。這個理論背後有一個假設—「企業的策略」必然是和公眾的利益相衝突的。

從超優勢競爭理論來看，這樣的理論的問題在於，它忽略了在企業間的動態、非合作性的競爭中，許多市場交易與行政決策都要耗費相當大的成本，而非一味追求靜態的平衡和不花錢的最佳化。

D'Aveni 相信，完全競爭才是唯一「良性競爭」的看法已經過時。政府該做的事，不是懲罰那些積極的公司，而是確保那些行動緩慢的公司能積極行動。法律應該限制的是那些會阻礙競爭進行的合作案，而不是那些懷有超優勢競爭目的的合作案。 但是現行政策卻是讓行

事積極的企業緩慢下來，讓行動遲緩的公司平安無事。反托拉斯法對於進展遲緩的產業和超優勢競爭產業應該有不同的作法，前者應積極介入，後者則應採自由放任態度。

威廉森的研究，則是開啟了新制度經濟學對壟斷全然不同的視野。Shapiro(2010) 指出，企業的水平擴張，也就是直接購併競爭對手，過去通常需要經過美國司法部 (Department of Justice) 反托拉斯部門或商務部 (Federal Trade Commission) 的調查與許可。許可與否的標準，根據克萊頓法案 (the Clayton Act) 第七項的規定則是：「如果合併的結果將顯著降低市場中的競爭，合併案就會被否決」。

當代對水平整合的購併，分析的焦點大多集中於兩個層面。其一，購併的結果是否能夠提高經濟效率，或是在收購方的管理之下，被收購方的資產是否能夠經營得更有績效，並且提高市場的競爭性；其二，當一家企業購併其直接競爭對手，購併後的企業是否在市場上將面臨較少的競爭壓力。因為合併將使其下游或是消費者面臨更少的選擇，合併後的企業可以提高價格或是壓低產品品質來增加獲利。

主流的經濟學家指稱，過去針對美國所通過的購併案的研究發現，購併在幫助企業提高營運績效這一面向上，是具有正面效益的，而這種效率的提高可以透過合併後的企業傳遞給他們的消費者，因此其效益應該是正面的；相對地，持批判立場的 Bagdikian(1983) 也以實證資料論證，大企業進行購併活動時，總是宣稱可以為被購併的小公司引進先進的管理模式。但是在多數的情況下，這種所謂的先進管

理模式,只是管理高層的薪水增加了,然後利用壟斷地位來提高市場價格,以及製作一些更簡化而容易獲利的媒體內容。以美國的例子來看,報業集團的平均報紙售價與廣告價格,都高於獨立報業;過去三大電視網在收視率下降的同時,廣告價格卻能逆向提高;有線電視台在解除合併的限制之後,收視費增加的速度比其成本提高的速度高上50%。

但是 Shapiro(2010) 認為,真正的問題是,有沒有一種企業的合併,是既可以提高一家企業市場競爭力,同時又可以提高市場效率?威廉森 (1968) 發表於《美國經濟評論》(American Economic Review)的論文則是論證了,一種同時能夠達成兩者的可能性,現在經濟學界將其稱為「威廉森折衷方案」(Williamson tradeoff)。Shapiro 很驚訝地發現,在威廉森之前,幾乎沒有人做過這樣的研究。

對於垂直整合,傳統的理論認為,企業進行垂直整合的主要目的,是為了建立或是強化企業的市場力量。在傳統的產業組織理論脈絡下,除非有實體資產或是技術性的原因為基礎,否則非標準的以及一般所不熟悉的組織與契約形式,經常被視為是有問題的、不利競爭關係的。威廉森批評,這個想法被視為理所當然,卻沒有經過驗證。

威廉森 (1976) 認為,企業進行垂直整合的主要原因,是這些活動在企業內部進行將更具有營運效率。在新制度經濟的契約概念下,任何形式的組織與契約模式都有可能是有效率的。當然反過來我們也可以說,市場也有可能是無效率的。要確認這一點,唯有透過對真實世

界的研究才能達成。

　　威廉森在他自己的研究中，他透過比較分析特許拍賣過程中的契約內容以及幾種較為常見的管制方法，詳細分析了一般認知中的、將受管制的有線電視服務轉為經營特許權拍賣的優勢。在威廉森眼中，具有自然壟斷性質的財貨的供應的組織方式，應該要考慮七項因素：一、透過直接面對消費者來確認與蒐集其偏好的成本；二、競價拍賣的效力；三、技術被有效發展的程度；四、了解不確定性；五、現有的供應商擁有專質性技能（idiosyncratic skills）的程度；六、涉及特殊、耐久設備或資產的程度；七、對於政治過程中，選擇不同治理模式所帶來的投機主義與異議性的敏感程度。

　　威廉森（2009）指出，他對市場失靈的解釋與過往最大的差異之處在於：

一、透過「契約」(contract)，而非傳統的「選擇」 (choice) 的角度來檢驗經濟組織；

二、以有限理性的觀點來處理人的認知，因而所有的契約都是不完整契約；

三、當外包的商品或服務有高風險的疑慮時，為合作對象的策略性行為（背離合作精神的行為）做好準備；

四、將「適應」(adaptation) 視為經濟組織的首要效率目標；

五、當買賣雙方存在互賴關係時，掌握專屬性資產將比一般性資產更具關鍵地位。

| | 關於壟斷的理論 | 政府角色 | 核心價值 |
|---|---|---|---|
| 新古典<br>（新自由）<br>主義經濟學 | 反對任何形式的壟斷 | ⊙ 贊成對於完全壟斷與寡佔壟斷的管制<br>⊙ 部分贊成對自然壟斷的管制 | 自由市場競爭 |
| 政治經濟學 | 反對商業機構壟斷，但是贊成政府介入（壟斷） | 積極的政府介入，反對商業壟斷 | 公共性 |
| 超優勢<br>競爭經濟學 | 反對因法令、特權、規模經濟優勢 | 對壟斷的成因必須加以區分，贊成有限的政府介入 | 產業創新 |
| 新制度經濟學 | ⊙ 部分垂直整合或水平購併的成因，是交易成本的考量，演化與適應的結果<br>⊙ 企業的策略性行為，應納入裁定壟斷與否的考量<br>⊙ 不能將無法解釋、或是非標準性的企業行為都視為壟斷 | ⊙ 外部性的存在，無法直接推論應由政府介入<br><br>⊙ 政府介入，須考慮政府介入的成本 | 制度成本 |

表3-2 不同的傳播經濟學對壟斷的看法，資料來源：本研究

## 肆、產權理論,是傳播政治經濟學與新制度經濟學的核心問題

　　在新古典主義的經濟分析中,所有權並未佔據重要位置。在新制度經濟學與政治經濟學領域,所有權／產權都至關重大,但對產權之為用的認知有很大的不同。

　　對傳播政治經濟學而言,產權的重要性在於思想與文化的控制,媒體的所有權掌握在資產階級手中,也就控制了媒體的發言權力,這也是知名的馬克思關於「下層結構決定上層結構」的論述。

　　如同馬克思在〈德意志意識型態〉（The German Ideology）中所說的:

　　*擁有物質生產工具的階級,必同時控制心靈的生產工具…因此當他們成為統治階級必定也掌管當代理念的生產與傳佈;這樣他們的理念自然成為同時期的統治理念。（馬克思、恩格斯,1974 p54-55.,引自 Murdock(1982)）*

　　Murdock(1982) 認為,大型傳播企業的權力不斷擴張,逼使我們必須要關注一個歷史上的長期爭辯:這些企業是被誰控制、為誰的利益服務的?要理解這個問題,就得從企業的所有權與企業活動的控制之間的關係著手。在這個問題上,馬克思思想中的結構立場,提供了新左傳播政治經濟學的活水源頭。

Murdock(1982) 分析，研究大型企業的控制主要有四個取向（表
3-3），新馬克思政治經濟學派著重的是在資本主義體制之下，媒體
內容的產製是如何被資本主義經濟體制所限制與制約；相對的，工業

| 分析焦點 | 社經秩序的概念 | |
|---|---|---|
| | 資本主義 | 工業社會 |
| 行動/權力<br><br>問題：<br>誰控制了企業？ | 工具取向：強調大型傳播企業的活動與政策的控制來源仍在所有權這個中心上，他們在兩個層面操作。<br><br>(a)　特定層面—個人資本家以控制來精進其特殊利益。<br>(b)　普遍層面—檢視傳播工業整體以何種運作來支撐資產階級或其內部宰制派系的普遍利益。 | 多元主義取向：以現今大型企業中所有權相對的滑落及其有效控制公司權力的殞落為起點，他們以兩個層面運作。<br><br>(a)　特定層面—強調傳播企業中管理階層的權力以及具創意的相對自主性。<br>(b)　普遍層面—強調分析媒體菁英的自主性與其他體制內菁英相互競爭的關係。 |
| 結構/決定<br><br>問題：<br>什麼因素侷限企業的控制者？ | 新馬克思政經學派：<br><br>強調企業政策與運作是如何受到媒體工業與資本主義經濟體制互動的限制與制約。 | 自由放任的商業模式：<br><br>強調消費者至上觀念為中心，關注產品供應的本質及規模，如何受到消費者在自由商品競爭的市場中的抉擇表達的形塑。 |

表3-3 研究企業控制的各類取向，資料來源：Murdock(1982)

化社會理論（theories of industrial society）脈絡影響下的研究，通常不以私人產權或是產權分配為起點，多元主義取向者強調的是，在新興知識密集的當代企業中，所有權擁有者的權力相對滑落，創意與知識工作者的自主權力越來越高；另一方面，自由放任主義的商業模式則是看重消費者主權，以及自由競爭所能帶來的消費者福利。

但是新制度經濟學與工業化社會理論有所不同，寇斯以降的新制度經濟學家不但認為產權影響深遠，而且在制度分析中，佔據了最為關鍵的地位。產權的清楚界定，是將外部效益內部化，避免投機主義的有效方式，換言之，在新制度經濟分析的架構中。產權結構同樣也是個人或組織行動的能為與不能為的決定與限制條件。

Alchain & Demsetz(1972) 分析，組織之所以存在（也就是所有權集中於企業家之手），是因為對特定類型的工作來說（特別是需要團隊合作的工作），團隊分工通常要比個人單打獨鬥更能創造生產上的綜效。但是個人的工作表現，在團隊產出中的貢獻，往往難以切割與衡量，這時就有可能出現怠惰與投機主義，合理的獎酬分配也就難以出現，進而造成組織的崩解。像是媒體的編輯活動，雜誌如果做出了精彩動人的報導，究竟是記者、文字編輯或是美術編輯的貢獻較大，其實很難加以評估，然後論功行賞。而成功的企業，也就是能在能在監控活動上累積專業知識與技能，創造出更多的盈餘，而這也是企業以及企業的控制存在的根本原因。

　　這也就是說，對新制度經濟學而言，所有權的集中或分散、公有或私有，並無先驗的優劣之分，而是要看個人或組織想要完成的目標而定。對於靠工作者一己之力就能完成的工作，則讓每個工作者都能充分享有自己工作成果的產權制度，會是較佳的安排，對於需要高度團隊合作而工作成果幾近不可能切割或歸屬的任務，某種形式的共有或公有產權會是相對合宜的產權設計。

　　事實上，能否將產權制度進行更細密的分析、設計、甚至發明，藉以適應與回應不同的組織、產業與社會在傳播上的需求，將會是傳播系統的發展能否突破政府與市場這二元僵局的關鍵。我們在第四章將會再深入探討這一點。

## 伍、新制度經濟與傳播管理

　　杭敏（2012）認為，媒介經濟學主要研究經濟和金融的力量，如何影響傳播體系與媒介組織，而媒介管理則主要關注傳播產業與組織的宏觀與微觀管理，包括市場競爭、企業策略與戰略、組織結構與行為、市場行銷、人力資源管理、領導力、生產管理與國際化運作等面向。

　　杭敏指出，存在媒介管理這樣的次學門，並不等同於媒體的管理模式，必然不同於其他產業的管理。但是傳播產業的產製與管理，終究與其他產業有所差別。媒體所提供的產品與服務，有別於其它的工

業產品,而這樣的差異主要表現在三個面向上:一、媒體的產品與服務市場具有雙元性,既服務視聽眾,也效命於廣告市場;二、媒體內容具有非消耗性,越多人使用,社會價值就越高,但其市場價格卻有可能越低;三、媒體內容的生產過程,可以視為藝術性的創造歷程,無法以一般規模經濟的標準來衡量其價值。

李秀珠(1999)也認為,雖然媒體管理可藉助管理學院或企管學院的專業,然而媒體組織本身的性質與其他組織迥異,如對媒體特性不熟悉,即便擁有管理專業,仍將無法勝任媒介管理的工作,尤其媒體所製造出來的產品是資訊,除供消費者消費外,它更能影響消費者之態度、思想與意見等等,因此媒體組織除獲取利益之外,更對社會負有教育、告知之義務,因此,媒體組織之管理,應有別於其他組織管理。

威廉森所提出資產專屬性、不確定性與交易頻次等概念在傳播管理上的應用,可以將傳播產業的特殊屬性充分納入考量。

Teece(2010)指出,雖然多數的企業執行長可能從未聽過威廉森,但是威廉森在管理理論與實踐上有重大影響力,特別是組織與策略議題。這當中,影響最深遠的是垂直整合的契約邏輯、契約關係必然存在的風險以及組織架構變革的潛在利益。

吳思華(1996)指出,從策略的角度來看,企業的資源統治有兩種極端的典型,一為「內部組織型」,另一則為「市場交換型」,兩

者之間則還存在著多樣的組織形式。此一管理上的應用，即是源自交易成本理論的經濟分析。對企業而言，交易成本的高低，受到交易人（理性與否）、交易情境（環境的不確定性與複雜性、是否為罕見的少數交易、資訊不對稱以及交易的氛圍等等）、交易的標的物（商品的獨特程度、交易雙方額外投入的程度、品質的可辨識程度等等）、以及交易頻次的多寡所左右。

在交易雙方不理性、交易的標的物具有獨特性、交易頻次偏高、以及交易的環境風險與不確定性很高的情況下，採行市場機制將導致過高的交易成本，因此企業應盡可能將組織活動內部化，反之則應偏向市場交易來取得組織所需的資源。

吳思華認為，企業在選擇資源統治策略時，也應把資源的生產成本一併納入考量，最佳的資源統治方式可以描述為：「最佳資源統治策略＝極小化（資源統治成本）＝極小化（生產成本＋交易成本）」。

至於如何極小化？威廉森（1979）則是將其簡化為交易頻次、交易商品的獨特程度、以及統治類型三者之間的關係（表 3-4）。在產品高度標準化的情況下，產品的生產外包成本較低，交易成本亦不高，適合透過市場機制來完成。這一點我們從台灣電視產業的實況可以得到印證，電視台綜藝節目大多單元固定、成本容易事先估算、突發情形相對較少，因此綜藝節目委託外包單位製作的比例非常高。相對的，新聞節目變異性大、成本很難預估、加上突發狀況多，外包未

必有生產成本優勢，電視台與外包單位之間的協商成本卻必然很高，因此在多數情況下，新聞節目仍以電視台自製為宜。

| 交易商品獨特程度 | | | |
|---|---|---|---|
| | 標準品 | 半標準品 | 專屬品 |
| 交易頻次 — 偶爾交易 | 市場統治 | 三邊統治（存在中介機構） | |
| 交易頻次 — 經常交易 | | 雙邊統治（合作網路） | 單邊統治（內部組織） |

表3-4 交易商品、交易頻次與統治形式的關係，資料來源：吳思華（1996）

　　當交易商品為半標準品，交易頻次又偏高，為了發揮專業生產的效益，委外生產仍是比較好的選擇。但是為了降低交易成本，可以和合作對象建立長期的合作關係（也就是雙邊統治）；如果交易商品為專屬品，交易關係的建立費時又費力，再加上交易頻次偏高的話，將導致交易成本驟然增加，這時內部化將會是較佳的資源統治模式。如果交易的商品是非標準品（包括專屬品和半標準品），外包或外購交易成本偏高，但是交易的頻次卻又不高，自行生產並不符合生產效益，這時就會出現仲介團體以降低交易成本，形成威廉森所說的「三邊統治」。

　　台灣的書籍市場會出現版權代理業者，我們也可以從這個角度來加以理解—除非是出書量很大的出版業者，不然個別出版商每年要簽訂的翻譯書籍數量可能為數有限，但是外文原著遍及各種語言，每本書的授權條件又各不相同，由專業的版權代理業者來處理相關業務，將會是較佳的策略選擇。Hess & von Walter(2006) 的研究則是以唱片和廣播產業為例，說明媒體不但是內容的供應者，也是媒體內容市場的中介者。Hess & von Walter 認為，中介者的分析方式可以描述與說明中介機構的出現、存在與消失，關鍵則是交易成本較低的新中介者，將會取代舊的、交易成本偏高的中介者。

　　同樣的統治機制考量，也可以應用在媒介組織的垂直或水平擴張、人力資源的運用、或是策略聯盟關係的建立等等決策上。

## 陸、結論

　　寇斯認為，新古典主義經濟學的產業組織理論所欠缺的，是能夠分析產業組織的形成原因的理論。寇斯所提出的核心解釋是，一個產業的組織方式，要看一個市場的交易成本與廠商的內部組織成本的相對關係而定。

　　換言之，從新制度經濟學的角度視之，一個產業中的企業之所以進行垂直或是水平擴張，根本原因可能會是，相對於市場機制，企業的行政運作效率優於市場。這樣的產業組織解釋方式，顯然不同於新古典主義的產業組織理論傳統，也有異於批判的政治經濟學論述。

　　這也就是說，如果要促進傳播產業市場的多元可能，關鍵便是要能營造一個有效降低市場交易成本的傳播環境。產權制度的創新，同樣也將在其間扮演了重要的角色。這樣的視野，或許能為未來的傳播產業研究提供一個全新的路徑。

# 參考書目

王盈勛 (2010)。傳播新制度經濟學的理論基礎。傳播與社會學刊，第十二期。

　　香港中文大學出版社

王盈勛 (2010)。傳播新制度經濟史之研究。國立台灣藝術大學颺心立藝 2010 應用媒體

　　藝術暨文化創意學術研討會

吳思華 (1996)。策略九說。台北：臉譜。

李秀珠 (1999)。組織傳播與媒介管理：以媒體組織中之上下司溝通研究為例，中華傳

　　播學會年會論文。

杭敏 (2012)。傳媒管理研究：理論、視角與趨勢。中國傳媒報告，41。

陳炳宏 (2001)。傳播產業研究。台北：五南圖書出版公司。

馮建三 ( 譯 ) (2008)。科斯的傳媒論述：與激進的反政府論對話。傳媒、市場與民主 ( 原

　　作者 :Baker, C. E.)。台北：巨流圖書。（原著出版年 :2001)

許梅芳 ( 譯 ) (1998)。超優勢競爭 ( 原作者 :D’Aveni, Richard A.)，台北：遠流。（原

　　著出版年 :1994)

程宗明 ( 譯 ) (1992)。大型企業與傳播工業的控制。文化、社會與媒體

　　( 原作者 :Murdock, G.)，台北：遠流出版。（原著出版年 :1982)

Alchian, A.A. & Demsetz, H. (1972). Production, Information Costs, and Economic

Organization. *The American Economic Review, 62:5*, 777-795.

Bagdikian, B. (1983). *The Media Monopoly*, Boston: Beacon Press.

Coase, R. H. (1972). Industrial Organization: A Proposal for Research, *Policy Issues and*

*ResearchOpportunities in Industrial Organization* (Victor R. Fuchs ed., National Bureau

of Economic Research, Cambridge, MA.

Hess, T. & von Walter, B. (2006). Toward Content Intermediation: Shedding New Light on

the Media Sector, *The International Journal on Media Management, 8,2-8*.

Sandler, T. (2001). *Economic Concepts for the Social Sciences,* Cambridge University Press.

Shapiro, C. (2010). Antitrust Economics, *California Management Review; 52(2),* 138-146.

Scherer, F. M.(1980). *Industrial Market Structure and Economic Performance,* Boston:

Houghton Mifflin.

Teece, D. J.(2010). Williamson's Impact on the Theory and Practice of Management,

*California Management Review, 52( 2)*, 167-176.

Williamson, O. E. (1968). Economies as an Antitrust Defense: The Welfare Trade-Offs,

*American Economic Review, 58*, 18-36.

Williamson, Oliver E. (1975). *Markets and Hierarchies: Analysis and Antitrust Implications,*

NY: Free Press.

Williamson, O. E. (1976). Franchise Bidding for Natural Monopolies - in General and with

Respect to CATV, *Bell Journal of Economics, 7(1),* 73-104.

Williamson, Oliver E. (1979). Transaction-Cost Economics: The Governance of Contractural Relations, *Journal of Law and Economics, vol. 22(2),* 233-61.

Williamson, O. E. (1996). *The Mechanisms of Governance.* Oxford: Oxford University Press.

Williamson, O. E. (2009). Transaction Cost Economics: The Natural Progression, The Noble Prize Lecture, *Journal of Retailing, 86(3),* 215-226

# 第四章 政策研究

## 壹、寇斯不怎麼贊成的寇斯定理

就一個被定位為經濟學家的研究者而言，寇斯可能是寫過最多傳播領域相關論文的學者。然而，寇斯的思想，以及自其理論延伸而來的新制度經濟學，長期以來卻受傳播學界的忽視。這主要源自兩個因素，其一是傳播學界的經濟分析，長期以來受批判、政治經濟學的影響較大，其二則是對於寇斯的理論的誤解。

弔詭的是，這樣的誤解，有很大一部份是來自以寇斯命名的「寇斯定理」(Coase Theorem)。寇斯定理指稱，在交易成本為零的狀態下，市場中交易成員的充分協商，將能導致福利最大化的社會安排，而與權利的初始分配無關，因而也就不需要任何型式的政府介入或干預。

寇斯經常被誤解為極端的自由放任主義者，主要的原因，正是出自這所謂的寇斯定理。而在正常的情況下，一個人的思想，怎麼可能和以他命名的定理有所出入呢？這就跟說波以耳 (Robort Boyle) 不贊同波以耳定律 (Boyle's law)、牛頓 (Issac Newton) 並不認同牛頓運動定律 (Newton's laws of motion) 一樣的怪異。然而，正如寇斯 (1995) 在其諾貝爾經濟學獎得獎演說中明確指出的：

　　我並非不贊成史蒂格勒 1，然而，我傾向將寇斯定理視為通往交易成本為正（非零）的經濟分析的墊腳石。在我看來，寇斯定理的意義在於，它動搖了庇古體系。因為標準的經濟理論分析假設交易成本為零，寇斯定理則表明，庇古的分析方法在零交易成本的情況下是不必要的。當然這不意味著，當交易成本為正時，政府行為（像是政府經營、管制、補貼、課稅等等）不能產生比依賴市場機制中的協調產生更好的結果。我的結論是：讓我們來研究交易成本為正的世界。

　　這也就是說，寇斯認為，交易成本為零的狀態，在真實世界中並不存在，因此研究的價值也就不高。Boettke(1997) 也指出，對寇斯而言，零交易成本的狀態是一種智力工具，而不是關於真實世界的假設。在交易成本存在的情況下，價格機制並非唯一的最佳資源統治模式，政府的介入也未必不能產生正面的效益。

　　事實上，交易成本為零的世界，也就是傳統新古典主義經濟學所關注的世界，如果寇斯理論的焦點真著眼於此，那麼寇斯的理論在經濟學領域的貢獻與革命性也就將變得非常有限了。寇斯並不全然贊同寇斯定理，但是部分的研究者，特別是左翼批判傳統出發者，卻經常以寇斯定理來批評寇斯，這實在是一個非常特異的現象，同時也讓寇斯以降的新制度經濟學，與批判的政治經濟學的對話空間限縮了許多。

---

1. 史蒂格勒 (George Joseph Stigler)，1982 諾貝爾經濟學獎得主，是真正提出寇斯定理的人。

威廉森 (1999) 認為，寇斯的核心思想，可以歸結為四個要點：

一、 指出零交易成本假設的侷限性；

二、 研究交易成本存在的世界；

三、新古典主義經濟學對於經濟組織的假設與現實世界不相干，
　　加上人類社會所有的組織形式都是有缺陷的，透過比較制度分
　　析，可以評估不同組織形式的替代關係；

四、要進行比較分析，必須對契約、契約過程和組織詳細的微
　　觀分析研究。

## 貳、過去的傳播政策研究

Napoli(2005) 認為，長期以來，傳播政策的基本原理經常是曖昧
不明，而令人難以接受的。這樣的曖昧，在某種程度來說，可能也是
無可避免的。從範圍來說，傳播政策涵蓋廣播、電視（還可細分為無
線、有線、衛星以及網路電視等等）、報紙、網路、電信、廣告等領
域，政策制定的首要目標可能本來就大不相同，而在這樣的媒體匯流
時代，不同的媒體相互滲透已成常態，要有一個清晰而邏輯井然的傳
播政策，並不是一件容易的事。

Napoli(2005) 指出，在美國，傳播政策一向是依循著科技特性而
制定的，其結果則是電信、廣播電視、有線電視等產業各自有其不同
的政策規範。Napoli 認為，科技特性主義 (technological particularism)

是現今最重要的傳播政策制定原則。

　　除了科技特性的考量以外，價值取捨，或說是意識型態的作用，也扮演了關鍵的角色。Anderson(1992) 指出，在政策制定過程中，必須先有政策的評估標準，如果沒有這樣的標準，我們無從判斷攸關大眾利益的政策是否為必要，也無從衡量公共政策的成敗得失。Napoli(2005) 則認為，對傳播政策而言，這些原則主要包括了：言論自由、公共利益、意見市場 (the market place of ideas)、多樣性 (diversity)、競爭 (competition)、普及服務 (universal service)、以及在地主義 (localism) 等等。

　　Van Cuilenburg & McQuail(2003) 認為，歷史性地來看，傳播政策主要歷經了三個典範：一、成形中的傳播產業政策；二、公共服務媒體政策；以及 三、新傳播政策典範。自 1980/1990 年代以降的新傳播政策典範，政策的價值目標，也就是所謂的公共利益，必須同時關注公眾的政治、社會與經濟福利，但是這當中最重要的，是自由與公平的可接近性 (free and equal access)，以便提供一個社會所需的多樣性資訊與傳播 ( 圖 4-1)。

　　為了達成上述目標，長期以來，傳播政策的制定都被認為應該有別於一般產業的考量 (Braman, 1990；Farber, 1991；Sullivan, 1995)。Napoli(2005) 認為，這樣的觀點主要出自三個論點：

一、　傳播政策通常有潛在的政治、社會與文化影響力;

二、　傳播管制應屬經濟政策或是社會政策有其界定上的困難;

三、　從第二點延伸而來的是,傳播管制的權責難以劃分。

## 浮現中的新傳播政策典範

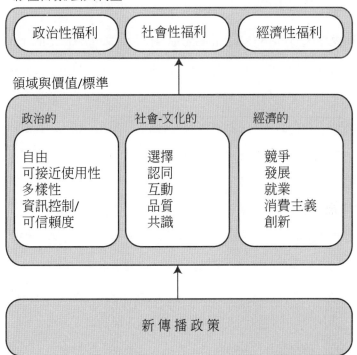

圖4-1浮現中的新傳播政策典範,資料來源:Van Cuilenburg & McQuail(2003)

這當中的第一點，又經常被學者援用產業經濟學的外部性概念加以論證，傳播產業是一個具有高度文化與政治外部性的產業，因此市場失靈問題格外嚴重，無法仰賴市場機制來尋求政策的最佳解，必須有政府力量的介入。LeDuc(1988) 便認為，外部性的效益，要從一個國家社會與文化的脈絡來評估。

## 參、傳播新制度經濟學的政策研究

馮建三(2012)指出，公共財(public goods)與外部性(externalities)，是構成市場失靈的兩個典型因素，也是政府政策介入，以及對待傳播產業應有別其他產業的根本原因。Doyle (2002) 也認為，一般認為，需要政府介入的經濟原因主要包括市場失靈、外部性問題、以及限制大公司的壟斷權力。在第三章中，已經探討過新制度經濟學如何看待壟斷問題，在這一節與第肆節中，將先討論新制度經濟學對政府政策的基本理念以及外部性問題，公共財的議題則在第伍節中分析。

新制度經濟學的政策分析，，首先是一種實證的比較制度分析。比較制度分析在過往的傳播政策研究中並不罕見，但是究竟應該比較什麼、如何比較，並沒有一個統一、有共同基礎的比較基準，因此我們也就很難說政策的比較制度分析是一個自成系統的研究方法。

新制度經濟學認為比較分析是重要的，因為在人類社會中，一個抽象的、先驗的完美制度是不存在的，所有的制度都有其不足之處，政策或制度的優劣則是相對的，因此政策思考者或是決策者只能尋求

令人可以接受的答案，而不是最優或是最適解答。而新制度經濟學比較分析的核心，則是比較不同政策取徑間的「制度成本」。在寇斯眼中，好的制度與政策，是能夠以最低的制度成本，達成政策規劃者的目標，就是一項好的政策與制度。

馮建三 (2012) 在其論及寇斯的著作中指稱，寇斯是一位「反公共政策」者，並認為「政府確實如同市場，經常失靈，但若因政府失靈（包括尋租現象），所以就不要求政府介入，似乎邏輯與實質，都有困難」。但是正如我在第一章中已經指出的，寇斯一再強調，他對市場制度的信任，並不等同於他認為政府在傳播產業當中沒有一席之地。沒有任何一個產業，不是或多或少受到政府管制的，關鍵是政府的管制措施，必須能達到它們所宣稱的效益。

市場會失靈，政府也會失靈，所以兩者的運用都有制度成本，針對不同的傳播議題，仔細而實務地評估與比較兩者的制度成本，才是新制度經濟政策分析的根本精神。寇斯 (1988) 認為，主張所有的傳播產業都該有政府介入或干預的人，經常未能言明，他們所主張的政策在真實世界該如何去執行。他們往往僅證明了，市場失靈了，未能達到最適狀態，但是卻忽略了，他們所主張的政府政策，可能同樣也不能達成最適的結果，但是這種可能性，卻很少被深入地探討。

寇斯也認為，過往的傳播政策分析視為理所當然的「外部性」的存在，不足以構成政府介入的正當理由。寇斯指出，外部性實則無所不在，因為交易必然有成本，人們的行為所造成的影響（不管是正面

或負面），的確有很多是無法透過市場交易來解決的，但是政府介入同樣也有成本，一樣無能為力化解外部性問題，因此很有可能，大部分的外部性必須讓它繼續存在。當外部性產生時，政府介入是否有利，則是要看介入的制度成本而定。

Samuels & Medema(1997) 指出，寇斯的政策分析主要有四個特色：

一、它是一種總體方法；

二、強調對真實世界的分析；

三、涉及對制度的比較分析；

四、著重效益－成本的比較分析。

綜而言之，我們可以說寇斯支持的，既不是寇斯定理中的市場，也不是一面倒地贊同政府介入，而是一種透過對真實世界察考的比較分析，藉以找出針對不同目標的合宜社會制度安排。

## 肆、傳播新制度經濟分析中的政府角色

Posner(1995) 指出，新古典主義經濟為了方便將研究數量化，往往採取了一些與現實相去甚遠的假設，像是：個人與企業都是理性最大化、資訊無須成本、個人與企業的需求曲線彈性無限制等等。因為現實並不符合這種理論，這些理論家不想改變理論，就只好試圖改變現實，新制度經濟學對新古典主義的拒絕也就源自於此。而這種拒絕，既有方法論的，也有政治性的。

此外，因為現實世界中的各種條件，從來也不能滿足這些理論家

關於效率資源配置的假設(像是價格等於邊際成本、不存在外部性、沒有次佳解、完全競爭市場等等),因此新古典主義就成了一種秘方,支持公共干預,像是反托拉斯法等等。因為對完全競爭的每一種偏離都被視為市場失靈,而且這種偏離又無所不在,這就很難對不受規制的市場懷抱強烈的信心。這令經濟自由派感到不安,因此他們在新古典經學中佔據主導地位也就不足為奇了

對新制度經濟學分析而言,市場有問題,不能就輕易假設政府能矯正市場帶來的弊病。政府政策很難「明智」的根本原因,是做出明智決策所需要的資訊,要比政府實際能掌握的多許多。寇斯對政府介入所能達成的效益,經常是存疑的。寇斯認為,市場的無效經常被誇大,而政府的無效則經常被低估,因而政府的管制經常是無效或是很糟糕的。Samuels & Medema(1997) 分析,寇斯為何對政府基本上抱持者懷疑的態度,主要有三個因素:一、對政府施加政治壓力,通常會得到與社會利益相違背的政策 (Coase, 1977);二、政府經常在沒有充分資訊的狀況下,試圖執行提高市場效率的政策,儘管這樣的政策在資訊完整的情況下可能是好的 (Coase, 1960);三、這些政策的相關成本,可能大過收益,使得治療比疾病更糟糕 (Coase, 1960, 1970)。

什麼是政府失靈或無效率? Sandler(2001) 舉例,政府可能沒有辦法掌握人民對特定公共財的真正需求。不了解需求為何,就無法提供適當數量的公共財,只能猜測。此外,政府干預或介入本身可能也有外部性,就像冷戰時期為了對抗蘇聯而生產的核子彈頭,冷戰結束以

後得花數百億美金來清除放射性物質的可能污染。

　Posner(1995) 指出，你如果拿「理想中的」政府介入的狀況，跟「真實的」市場狀況做比較，那當然很輕易地就得出政府介入比較好的結論。在對公共干預進行評估時，必須用真實的市場與真實的政府作比較，而不是真實的市場和理想的政府作比較。

　　Posner(1995) 認為，寇斯定理的要點並不在於市場能夠內部化污染或是其他的負面外部性。市場有時可以，有時不能。Posner 指出，寇斯不是堅持自由放任的基本教義派，但是他對政府抱持懷疑的態度，他認為必須比較政府干預的成本與效益，而不是假定其成本為零。

就如同寇斯 (1988) 所說的：

　　*以自由放任的狀態比較於一個理想的狀態，此一取向，無疑導致了思考不嚴謹，因為各比較對象的本質為何，根本不清楚。如果是自由放任，有貨幣、法律或政治制度嗎？如果有，其內容為何？如果是一理想狀態的世界，貨幣、法律或政治制度，還要嗎？如果要，其又為何？這些問題難以回答，每個人都可有其答案。事實上，稍加思索，即可知理想世界一定優於自由放任狀態，除非自由放任狀態與理想世界的定義，剛好合一了。但這種討論與經濟政策大多無關，因為不管理想世界為何，如何從現實達到此理想，從未被發現。比較好的取向應是，現實如何，調查政策改變的效果如何，然後去比較在總額上改變後是比原來的好還是壞。如此才使得政策結論與現實有了關連。*

以公視問題為例，傳播領域的研究者總是傾向拿現實的商業電視機制與理想的公視環境作比較，結果當然是理想的公視環境較佳。按照寇斯的見解，我們應該拿真實的商業電視與真實的公視做比較，才能得出何者較優的結論。

有趣的是，新古典主義傳統信仰者常犯的毛病剛好相反：拿真實的政府介入的情況，跟理想中的市場狀況做比較，那自然也是很容易得出市場經濟較佳的結論。就像威廉森 (1976) 所說的：

*只證明管制有瑕疵，並不表示管制就是組織經濟活動較為次等的選擇…其次，在管制被取代之前，我們也有義務評估規劃中的替代方案的屬性—不光是一般性的，也包括所欲規範的活動專屬的。如果期待中的新方法有類似或是另外的缺陷存在，那麼傳說中的解除管制的好處，也不過是個幻想而已。*

寇斯 (1988) 認為，對於政策令人滿意的觀點，只能來自於對市場、企業以及政府在實際上是如何處理有害效應問題的耐心研究。從上述的討論我們可以看得出來，寇斯對政策分析的看法，比較接近「實用主義」的立場，他並不預設政府介入必然是好或壞，要看個案的具體經驗與歷史分析而定。

威廉森 (1999) 認為，一種治理模式是相關的優點與缺點相互交織在一起的結果。新古典主義的效率分析認為，市場機制可以持續不斷地進行邊際調整，直到達成效率結果為止。新制度經濟學的分析則是關注市

場、企業與官僚體制作為一種非連續性結構方式存在的治理模式選擇
問題。

　　所有可行的治理模式都存在缺陷，對於公共政策有特殊的意
義。因為這個領域的研究往往強調市場失靈，卻忽略了政府失靈的
問題。Dixit(2003) 指出，交易成本政治將政策決策視為無可避免地
包含了資訊不對稱與與有限承諾（因而具有投機傾向）的過程，參
與政治活動的各方與經濟活動一樣，是在進行不完整契約的協商。
Figueiredo(2010) 認為，威廉森的理論對於政治領域最大的貢獻，在
於對公共組織 (public organization) 的研究，也就是所謂的交易成本政
治 (transaction-cost politics)。

　　張五常 (2000) 認為，寇斯應該是受到列寧的啟發，才會將政府視
為超級企業 (super firm)，在這樣的視野之下，最極端的共產體制，也
就是將一切的活動都內部化的巨型企業。在寇斯眼中，國家與企業的
相似之處在於，國家以法律決定了財產權，一國之民皆受其拘束，一
如一家公司內部的員工皆受該公司的組織規定所限制。這樣的看法與
一般研究者的見解大異其趣，多數的社會科學研究者都將企業視為市
場經濟中的一環，而政府或國家的運作則是與市場遙遙相對的資源分
配機制。

　　新制度經濟學常被視為是激進的反政府主義者，這是一個很大的
誤解。張五常指出，說政府必然是無效率的，就等同於說自由市場經
濟中的企業是無效率是一樣的。幾代的經濟學家都將政府視為經濟無

效率的原因,事實並非如此。除非將政府視為選擇的結果,否則經濟學家無從解釋其存在。寇斯 (1966) 自己也明確地指出,:「我絕非主張,廣播產業不應該存在政府管制,但是這樣的管制不應與價格機制的運用有所扞格。所有的產業都是以某種形式被管制的」。

政府在經濟體系中扮演了不可或缺的必要角色,拋棄所有的管制,就相當於廢除法律制度,特別是在資本主義制度之下,為了讓市場能順暢地運行,讓產權得以確立的法律基礎是必要的。

Samuels & Medema(1997) 認為,寇斯以他特有的不友好方式,說明了政府和制度在一般意義上的重要性。雖然他有自己的自由主義情感。經濟體在某種程度上而言,是法律與政府的產品,法律在根本上支配著經濟績效。

## 伍、超越國家與市場:公共領域的治理模式

公共財的治理是否應有別無其他的財貨?對新制度經濟學的管理與政策分析來說,答案是肯定的。如同在第三章的分析中所指出的,針對具有資產專屬性的資源,市場本來就未必是最佳的資源統治機制,而應考量財貨的特殊性。

媒體的內容是某種形式的公共財,這是沒有疑問的,而公共財的供應與消費不宜由價格機制獨攬,在過去也是不分左右的學界共識。但是這「某種形式」究竟是何種形式、到什麼樣的程度,可能也正是當前針對媒體統治機制的探討,一直侷限在政府與市場兩端的根本因

素。而化解政府介入與市場機制的制度僵局爭議的關鍵，可能也得從重新理解與更深入地分析公共財著手，進而推導出公共財該用什麼樣的方式治理，才能充分發揮其價值。

2009 年與威廉森同獲諾貝爾經濟學獎的奧斯特羅姆 (Elinor Ostrom) 認為，過去對公共財的分類太過粗略，她依照財貨的使用的衝突耗損性 (subtractability of use)，以及排除他人使用的困難度高低 (不是有或無的截然二分，而只是高低不同)，將財貨分為共有資源、公共財、私有財、以及付費財四種類型。不同的財貨，適用不同的資源統治機制，除了國家與市場以外，還有許多的治理模式值得我們去探索與開發 (表 4-1)。

| | | 使用的衝突耗損性（subtractability of use） | |
| :---: | :---: | :--- | :--- |
| | | 高 | 低 |
| 排除潛在受益人的困難度 | 高 | 共有資源:地下水、湖泊、灌溉系統、漁場、森林等等 | 公共財：一個社群所需的和平與安全、國防、知識、消防、天氣預測等等 |
| | 低 | 私有財：食物、衣服、汽車等等 | 付費財(toll goods)：劇場、私人俱樂部、托兒所 |

表4-1 四種不同的財貨，資料來源：Ostrom,2005

　　奧斯特羅姆擷取了新制度經濟學分析的精神，專研公共資源與公共財的公共選擇與制度分析。奧斯特羅姆的核心思想，從其諾貝爾獎的得獎演說題為「超越市場與國家：複雜經濟系統的多中心治理」(Beyond markets and states: Polycentric governance of complex economics) 便可看出端倪。奧斯特羅姆 (2009) 承繼了諾斯的思想，開宗明義地指出：

> 當代對於不同規模的共有資源 (common-pool resources, CPRs) 與公共商品治理的多樣性制度安排的結果的研究，都是奠基於古典的經濟理論，而發展中的新理論，則用以解釋真實世界並不符合「市場」與「國家」兩極分法的現象。研究者緩慢地從申言單一系統，移轉到使用更複雜的架構、理論與模式來理解當代社會面對人類互動的謎團與問題的多樣性。我們研究的人類有複雜的動機結構，並且在不同的規模之上，建立了從私人獲利導向、政府、到社群的多樣制度安排，藉以創造有生產力、創新的，同時也有可能是破壞性、顛覆性的結果。

　　公共財的管理，不一定要私有化或是政府介入，管理，自發性的組織也可以是有效的管理機制。

　　奧斯特羅姆主要的核心思想有三，一是多中心治理、二是自主組織理論、以及社會資本的概念。

　　奧斯特羅姆認為，有效的公共財管理，政府或是市場（私人組織）並不是唯二的解決方案。社群或是小團體的合作，同樣也能成為有效

的公共財管理機制。自主組織理論則與多中心治理概念相關 -- 自我組織的團體既不靠科層控制也不仰賴市場機制,要如何分配資源,同時又能避免投機主義?奧斯特羅姆 (2009) 累積數十年的實證研究發現,自我組織的管理有八個關鍵:一、對於公共財的疆界清楚的界定;二、資源的使用與供給,必須與在地的實際狀況相互適應;三、集體選擇安排,遵守組織規則而受其影響的人,也應該有修改規則的權力;四、監督是必要的;五、分級制裁,在團體或社群內違反規定的人,應該受到應有的裁罰,處罰的程度應依違反規則的嚴重程度而定;六、要有解決衝突的機制;七、對團體或社群權力的認可,組織內部的制度和權力不會受到外來的政府或其他組織的威脅與挑戰;八、分權制組織,能夠針對不同的組織活動與行為,像是佔用、供應、監督、強制執行、衝突解決和治理等等予以分權。奧斯特羅姆認為,在自我組織團體中,社會資本也佔據了非常重要的地位,因為公共財的管理,是建立在團體成員互相信任的前提之上。

當代網路社群的實踐,特別是開放原始碼社群,則是充分印證了奧斯特羅姆理論在知識生產上的可行性。開發原始碼軟體的開發社群,既拒斥國家力量的介入,也反對商業力量的滲透,透過自我組織的社群運作,完成了許多複雜、高難度,而又具有公共性的訊息產製。但是以社群為基礎的知識 / 資訊產製所需的產權模式,又有別於奧斯特羅姆慣常分析的共用資源。

Epstein(1998) 指出,有史以來,私有與共同所有一向是並存的,

而且往往也沒發生什麼問題。從最早的羅馬法系統中的財產法,共同所有權與私有財產就一直是不可或缺的部份。相似的私有與共同所有間的財產分配,也是現代法律制度的特徵之一,即使在資本主義味很濃的多變經濟體中,也是如此。因此,Epstein 認為,真正的關鍵問題是,為何混合產權的解決方式優於任何極端。

Epstein 強調,財產制度的種類是如此之多,因此要證明私有財產,相對於某些形式的共同財產,較具優越性,不是訴諸先驗論證就可以的。在某些情狀下,肯定及維持某種形式的公共權利,比較可以調和主張具排他性的財產權利與其反對者間的利益衝突。因此釐清各種制度間疆界的特殊性是很重要的,如此才能決定某特定資源,應為私人所有或共同所有。

開放原始碼軟體開發社群出現以來,「開放原始碼」究竟是什麼樣的產權制度引發了許多的爭議與討論。開放原始碼軟體經常被視為是私人產製的公共商品 (Kollock, 1999; Lerner & Tirole, 2000, 2002; Johnson, 2001; Bessen, 2001; Weber, 2000; Hars & Ou, 2000; Kogut & Metiu, 2001)。開放原始碼軟體與私人生產的純公共財有一些共通性,但是在許多關鍵點也與傳統定義下的公共財有所不同。開放原始碼軟體是由一群有限定範圍的社群成員 (a bounded community of individuals) 所擁有的,而非政府政府、企業組織或是私人機構。

開放原始碼是集體行動的成果,自願貢獻者、得到資助的貢獻者、企業、與非營利事業組織都有可能對開放原始碼軟體的開發做出

貢獻。此外，開放原始碼軟體可以被視為是一種公共財，因為它具備非排他性以及合作供給的特性。

部分開放原始碼的支持者 ( 像是自由軟體基金會的創始人 Stallman) 認為，開放原始碼是「沒有產權」(copyleft)，知識的共用能夠導致最佳的創新績效；另一個極端則是從古典經濟學理論的角度出發，質疑產權的界定不清將減損創新者創新的動機。

從比較制度的角度來看，所謂的「沒有產權」，事實上仍為產權制度之一種；從古典經濟學理論出發者則很難解釋，為何開放原始碼軟體開發模式的出現，在短短的幾年間，便吸引了全球數十萬人的參與，並且能快速在軟體市場有很高的市場佔有率。

## 共有所有權的古典議題

自從 Hardin(1968)「共有地的悲劇」(The Tragedy of Common) 一文發表以來，共有產權 (common property) 被當成幾乎就是無效率的代名詞。Hardin 所舉的著名例子是，如果一個村落的村民共有一塊牧地，村落裡的人可以自由而無限制地使用此一牧地，其結果會是牧地上放牧了太多的牛，減少了牛隻的牛奶產出。其核心概念正如 Aristotle(1950) 所說的，「最多人共用的土地，將使它得到最少的照顧。每個人只想到自己，幾乎不會考慮到共用地的利益」。針對當代共用資源的典型分析均指出，一群使用者都能運用共用資源的結果，將會是資源被使用的程度，大於最適使用程度 (Clark, 1977；Dasgupta

& Heal, 1979)。

後來針對如何最有效率地運用共有資源的制度安排，則是幾乎都是在政府集權管制 (Ophuls, 1973)、社會主義式的管理 (Hardin, 1968) 與私人產權 (Demsetz, 1967) 的極端之間辯論。

Furubotn & Richter(1991) 指出，私有財產並非唯一促使資源有效運用的社會制度。在排他成本太高的情況下，共同所有權 (common-property) 是較佳的制度安排。Furubotn & Richter 認為，當界定、監督與執行私有財產權，或是內部化外部效果的成本太高，而無法採取有效的行動以抵制外部性的情況下，也就是說，排他成本與整合成本可能會阻止私人間的外部性交易的情況下，某些形式的集體行動可能比較有利。

Furubotn & Richter 指出，首先，兩種不同形式的共用資源必須加以區別：一、自由獲取的共用資源 (the open-access common pool resources)，是沒有任何人對於資產 ( 像是海洋的海水、大氣層或是外太空 ) 有被核准的財產權；二、封閉獲取的共用資源 (the closed-access common pool resources)，則是界定完善的團體，對共用物擁有財產權。

Alchian & Demsetz(1972) 所說的團隊資源的指派以及監督問題，在共用資源的團體與組織中依然存在。因此，在自由獲取共用資源的情況當中，這個問題無法獲得解決。Furubotn & Richter 認為，封閉或是有限制進入的共用資源，無論是如何組織起來的，是有效管理的

最低限度要求。換言之，共有所有權的有效資源分配，封閉獲取共用資源的情況下才有可能是有效率的。因此，Furubotn & Richter 認為，真正的核心問題是如何設計使封閉獲取共用資源的使用最有效率的制度。

　　奧斯特羅姆 (1990) 認為，對封閉獲取共用資源的產權配置考量，前面所說的兩種論述—國家集權或是私人產權都過於極端，是一種對複雜問題過度簡化的解答。她認為，在不同的情況下，不同的問題有不同的解答。她認為，最佳的制度安排要考慮不同的時空因素，以及文化上能夠接受的解決方式。更重要的是，她認為，私有財產與共有財產是可以並存的。奧斯特羅姆後來一系列的實證研究指出 (Ostrom et al, 1994；Ostrom et al, 1999)，許多成功的公用資源制度，是「擬私有」(private-like) 與「擬公有」(public-like) 制度的混和體。

　　運用私人所有權或是國家介入來解決共有所有權的問題，其前提假設都是共用資源的參與者都具備投機的傾向，必須靠一個外部的權威 (external authority) 才能解決投機主義的問題。奧斯特羅姆 (1990) 指出，介於兩者之間的共用資源使用模式，則是運用自我組織 (self-organized) 與自我治理 (self-governed) 來進行資源的管理與分派，而不仰賴外部權威的介入。

　　像是瑞士與日本的村民的後代，已學會利用各種土地型態與土地使用的私有財產與公有財產制度的相對利益與成本。這兩個地方的村民選擇保留公有財產制度，以作為推動土地使用與同等重要的農村經

濟的基礎。奧斯特羅姆 (1990) 指出，「共有土地雖然收益較少，但所有土地的生產力仍可維持好幾個世紀。過度放牧已被緊密的控制而有所避免。共用資源不僅被保護，而且被投資於夏季牧草區的除草與施肥，以及道路建設與維護所強化」。此外，奧斯特羅姆也針對土耳其與斯裡蘭卡的漁場、加州的地下水等共用資源的使用與產權，做了一系列的研究。

Furubotn & Richter(1991) 指出，共用資源的最有效制度解，一般來說，是位於完全集中化 ( 擁有所有資源的獨裁統治者 ) 與完全私人財產與契約自由原則之間。奧斯特羅姆 (1990) 所定義的「成功」共用資源產權制度，是指在投機主義與偷懶必然存在的情況下，個人能夠達到效率產出。

自我組織與自我治理共用資源，需要一個能處理佔用、提供、監督、執行、解決衝突與管理活動的架構——如私人所有權或是國家介入。這樣的架構，也就是創新社群能否成功很重要的關鍵。

## 陸、知識作為一種共用資源 / 公共財

Osterloh & Frey(2000) 認為，共用資源的問題，應該分為有形的 (tangible) 與無形的 (intagible) 共用資源兩類來討論，並進而將共用資源的理論，帶入組織知識的研究當中。

最常被討論的有形共用資源包括漁場、地下水、公共停車場與橋樑等等，組織內部的有形共用資源則包括了大型電腦系統、intranet、

人力資源部門與福利委員會的職位等等。過去針對共用資源的研究，幾乎都是集中在有形資源。有形共用資源的主要問題是過度使用，而且經常是在損害同一個團體中其他人的權益的情況下。

　　無形的共用資源，則包括了組織文化、相互的承諾、共同的組織例規、以及組織專質性知識等等。無形的共用資源是與組織密不可分的。這些無形的共用資源，經常主要是奠基於內隱知識，所以很難檔化；無形的共用資源是無法目測也無法檢驗的，因為它們帶有信仰的性質。最重要的無形共用資源是組織知識，組織知識幾乎不可能去計算有多少比率貢獻到產品或服務當中，也很難算出個人對組織知識的貢獻到底有多大。

　　共用資源主要有兩種特性：其一，透過自然的或制度工具來達到資源的排他使用的成本很高；其二，一個使用者的運用將會減少其他人運用該資源的機會 (Ostrom, Burger, Field, Norgaard & Policansky, 1999)。在公共選擇理論的文獻中，這些特性被稱之為「不可排他性」(non-excludability) 與「競爭性消費」(rivalry in consumption)。

　　對無形共用資源而言，則是只有排他使用成本很高的問題，沒有共用資源過度使用的問題。知識的運用，並不會因為一個成員的使用，而減少了其他人使用的機會。某些類型的知識運用，甚至可以導致知識的再創造，讓知識具備「越用越多」的特性。無形共用資源所面對的危險，是因為缺乏激勵誘因，而有供給不足 (undersupply) 的問題。舉例來說，一個組織中的成員，很難因為保留了個人內隱知識

而受到懲罰。

從共用資源的角度來看待社群的知識生產，社群做為一種組織優於市場之處，在於組織成員如果願意貢獻於共用資源，便能夠得到集體貢獻知識的共同好處 (joint benefits)。在這樣的情況之下，組織的成員則是經常必須面對追求個人的利益，或是組織的合作性解決方案的兩難。這樣的自利傾向與社會效率間的兩難，Dawes(1973) 以廣為人知的囚犯的兩難模型 (prisoner's dilemma game) 表現出來。Miller(1992) 認為，這樣的問題甚至可以說是管理問題的核心。

在過去的理論發展當中，解決這樣的難題的方法是科層權威 (Alchian & Demsetz, 1972；Williamson, 1975)，是「看得見的手」(The Visible Hand)。但是 Miller(1992) 指出，在資訊不對稱的情況下，特別是內隱知識有很高的重要性，這樣的解決方案並不可行。在資訊不對稱的情況下，對規則的共同承諾 (mutual commitment) 對於共用資源的供應與使用是必須的。要讓組織中的成員提供、接受與執行規則同樣是非常不容易，而且成本很高的，但是這些規則的好處卻是組織的所有成員都能共用的。Grant(1996) 指出，共同規則是組織的專質性知識之所在，也是何以組織的知識能耐之所以超越個人的原因。在這樣的觀點之下，組織的共同規則同時也是組織成員的共用資源。

劉靜怡 (2011) 認為，以新制度經濟學理論出發的法律經濟分析，不應被視為毫無限制地支持商品化的趨勢，而是支持「可行且有實質意義」的公共領域。公共領域不必然是智慧財產權的對立面，智財權

的擴張也不必然導致公共領域的緊縮。劉靜怡認為,過去我們將公共領域與財產權私有化對立起來的觀點,反而可能是因為我們對於私人所有權概念的分割不夠細密的結果。

如果我們可以如同奧斯特羅姆等學者建議的 (Poteete, Janssen and Ostrom, 2010: 95),將產權制度分為五種:近用權 (access)、收穫權 (withdrawal)、管理權 (management)、排除權 (exclusion) 與轉讓權 (alienation) 等五種權利,,而非私人產權,也可以據此再細分為無人所擁有、政府或國家所有、公有、以及所有人同時享有所有權與開放近用 (res nullius) 的客體等等。

依循這樣的脈絡,我們就有機會找出在個人的激勵誘因與知識的公共使用間取得平衡的智慧財產權機制。這也就是說,新制度經濟學可以是探討當代公共領域議題的實用分析架構。

王盈勛 (2003) 的研究便指出,開放原始碼軟體的生產,不是與財產權無關的生產模式,相反地,是透過契約條款的巧妙運用,藉以創造電腦程式碼得以自由地取得與修正的空間,一種准公共空間。而這樣的產權制度與商業軟體的主要差別在於知識的排他權,不同的開放原始碼授權協議的主要差別,則在於載具的排他權不同。

正如劉靜怡 (2011) 所說的:

多數反對商品化趨勢和支持保存公共領域者多半是預設商品化過程將導致原先屬共同所有權或開放近用的客體,轉為私人所有,但是究諸實際,商品化最重要的特色是該物原本並非財產權客體,所以,

*嚴格來說，商品化的趨勢和公共領域萎縮的趨勢，兩者之間並無直接關聯。甚至，在廣泛義定義財產客體的架構下，公共領域可以伴隨私有財產的創造而擴張….在法律經濟分析的取徑下，財產權是提升整體效益或福利的機制，並且可以將公共領域界定為包含私人財產所帶來的積極外部性，而不是私有產權的反義詞。*

對於公共財或是共有資源的治理模式的研究，在自然資源或是公共管理學院已經是非常熱門的顯學。可怪的是，同樣對於媒體的公共性非常關注的傳播學門卻似乎尚未能從這些晚近的研究發現中借光取熱。

社群或是自我管理組織作為組織形式的一種，當然不是國家與市場之外唯一可能的制度選擇，也未必能適用於所有類型的人類傳播之需求。但是當代大量新興社群形式組織的崛起，特別是網路社群，早已證明在國家與市場之外，要達成具有公共性質的傳播目標，另類、全新的傳播制度設計是有可能的。而這樣的制度與組織形式，對應的有效產權與治理機制是什麼，掌握政策工具的國家又應該如何能讓這樣的社群繁榮興盛，這仍是一個有待持續研究與關注的課題。

## 柒、探索一種研究方法整合的可能性

理論的整合，向來不是一件容易的事。在過去，右翼的傳播政策研究偏重的是產業的發展、市場運作的效率，至於這樣的發展、這樣

的效率是為誰而服務,是否符合公共的利益,並不是他們關注的焦點。相反地,左翼的、批判的傳播政策研究,側重的是價值目標的實踐,而這樣的目標的實踐過程是否符合效率最大的原則,多半不在他們的考慮之列。新古典主義經濟學的政策分析經常被批評為過度工具導向,僅著重政策效益的效率面向,並不適用於傳播產業。

落實到具體的政策思辯,則是回歸到傳統的市場原則與政府介入的之間的選擇,似乎制度只存在兩種選項。

劉瑞華 (2001) 指出, 新古典主義經濟學挾其理論模型 ( 主要是可計量化 ) 的優勢,研究範圍有不斷擴張的趨勢,甚至引來學術上的帝國主義的疑慮。這樣的趨勢在傳播學界可能沒有特別明顯,但是在特定領域,像是傳播產業組織的分析,新古典主義的傳統仍舊取得了主導地位。

近幾年,新制度主義的概念與研究方法也在政治與社會學界被廣為援引,劉瑞華認為,如果可以堅守制度議題的主體性,而且能夠在各個學科的應用中產生新的制度理論,新制度主義就不會是經濟學帝國主義的再現,社會科學反而有可能重返以制度概念為核心的大理論。

以制度為核心的大理論或說是巨型論述有什麼優勢?劉瑞華指出,新古典主義從個人主義出發,認為私有產權是激發個體誘因的唯一最佳產權形式,個體的經濟活動在私有產權的體制下,發展成以市場交易為主的經濟型態。在這樣的體制中,個人只能為自己謀求最大

福利,無能為力也沒有必要改變體制。相對地,以馬克思思想為核心的經濟理論看重的是生產關係中的階級關係,階級的集體行動是社會變革的關鍵力量,公有制的產權設計是社會革命的根本關鍵。在公有制產權的社會中,資源是由計畫者來進行分配。

劉瑞華相信,新制度經濟強調的「組織」是由交易成本所形塑,產權結構是限制個人與組織經濟活動的規範。不同於單純的公有與私有制,在這樣由產權與組織構成的社會中,經濟活動的進行與發展是由制度所決定的,而制度也可能因為組織的推動而演變。這種制度理論的架構,可以將社會主義的計畫經濟與資本主義的市場經濟都納入其中,將其視為制度的兩種極端類型 ( 表 4-2)。

| 馬克思經濟學 | 新制度經濟學 | 新古典經濟學 |
|---|---|---|
| 計畫經濟 | 產業結構 | 市場經濟 |
| 公有制 | 制度經濟 | 私有制 |
| 階級 | 組織 | 個人 |

表4-2 新制度經濟學有可能整合馬克思與新古典經濟學,資料來源:劉瑞華 (2001)

同樣與主流經濟學積極展開對話,但是立場偏左的經濟社會學家 Block 也主張,應把價格做為市場機制視為一種連續性的「變量」,經濟交易的市場性是個可變動的連續光譜,市場性的高低則是根據價

格與非價格因素的相對比例來衡量(Block 著,鄭陸霖、吳泉源校譯,2004,第 3 章)。湯志傑認為 (2009),在對抗經濟學的觀點上,這不失為一個有力的洞見。

　　價值與效率難以調和的問題,寇斯也提出了他的解答。Coase(1960) 認為,福利經濟學最終必然會被包括在美學與倫理學之中,效益成本考量要比財富最大化考量來得更寬廣。這也就是說,寇斯從來就不認為,工具理性的考慮應該凌駕價值理性之上,具有效率的制度設計與產權安排,是可以為更高的倫理與美學價值而服務的。

## 捌、結論

　　過去傳播學界對寇斯以降的新制度經濟學的研究與認識並非全然缺席,但總是太輕易地將其歸類為極端的放任主義一派,對於政府介入採取全然拒斥的態度。

　　總歸來說,新制度經濟學對傳播的政策研究能帶來啟發包括了:

　　一、市場是制度的一種,政府介入也是制度的一種,制度的安排則還存在著諸多可能,像是自治社群。制度的優劣,則是要看達成特定目的的制度成本 ( 交易成本 ) 而定;

　　二、對公共財的屬性,特別是知識作為一種公共財,有更深入而細緻的理解與分析,將可以是我們制定出更完善的傳播政策的出發點;

　　三、批判與主流的傳播研究,有可能在新制度經濟分析中找到接合

點－倫理與美學價值取向與有效率的制度安排的整合。

# 參考書目

王盈勛 (2003)。軟體產業的顧客知識運用、產權與組織形式 ( 未出版之博士論文 )。

　　國立政治大學，臺北市。

王盈勛 (2010)。傳播新制度經濟學的理論基礎。傳播與社會學刊，12，55-78，

　　香港中文大學出版社。

王盈勛 (2013)。傳播新制度經濟史初探，傳播文化，12，217-234，

　　輔仁大學傳播學院出版 。

王盈勛 (2013)。傳播產業組織研究：新制度經濟學觀點，佛光大學第五屆傳播與發展

　　學術研討會。

張五常 (2000)。經濟解釋：張五常經濟論文選。北京：商務印書館。

馮建三 (2012)。傳播公共性與市場。高雄：巨流。

湯志傑 (2009)。新經濟社會學的歷史考察：以鑲嵌的問題史為主軸 ( 上 )，

　　政治與社會哲學評論，29，135-193。

鄭陸霖、吳泉源 ( 譯 )(2004)。後工業機會－一個批判性的經濟社會學論述

　　( 原作者 :Block, Fred)。台北：群學 ( 原著出版年 :1990)

劉瑞華 (2001)。新制度主義：返回大理論或經濟學帝國主義政治學？，政治學報，

　　32，209-229。

劉靜怡 (2011)。從創用 CC 運動看數位時代的公共領域：財產權觀點的初步考察，

　　中研院法學期刊，8, 113-184。

羅君麗、茹玉驄 ( 譯 )(2010)。論經濟學和經濟學家 ( 原作者 : Coase, R. H. )。上海：格致。

( 原出版年 :1995)

邊道明、陳心懿 ( 譯 )(2005)。傳播政策基本原理：電子媒體管制的原則與過程

　　( 原作者 :Napoli, P. M. )。台北：揚智。( 原著出版年 :2001)

陳坤銘、李華夏 ( 譯 ) (1995)。廠商、市場與法律 ( 原作者 :Coase, R. H. )。台北：遠流。

　　( 原出版年 :1988)

簡資修 ( 譯 )(2002)。 自由社會之原則 ( 原作者 :Epstein, R.)。台北 : 商周出版。

　　( 原出版年 :1998 )

Alchian, A. A. & H. Demsetz (1972). Production, Information Costs, and Economic

　　Organization , *American Economic Review 62,* 777-795.

Anderson, C. W. (1992). The Place of Principles in Policy Analysis, J. M. Gillroy & M. Wade

　　(Eds.), The Moral Dimensions of Public Policy Choice: Beyond the Market Paradigm.

　　Pittsburgh: University of Pittsburgh Press.

Aristoteles. (1950). *The Politics of Aristotle, Reprint*, Oxford: Clarendon.

Bessen, J. (2001). Open Source Software: Free Provision of Complex Goods , Working

　　Paper, http://opensource.mit.edu/online_papers.php

Boettke, P. J.(1997). Coase, Communism, and the Black Box of the Soviet-Type Firm,

　　*Coasean Economics: Law and Economics and the New Institutional Economics,*

　　Steven Medema, ed. 193-207.

Braman, S. (1990). The Unique Characteristics of Information Policy and Their U.S.

　　Consequences, in V.L.P. Blake & R. Tjoumas (Eds.), *Information Literacies for tge*

*Twenty-First Centry,* Boston: G. K. Hall & Co.

Clark, C. W. (1977). The Economics of Over-exploitation', in G. Hardin & J. Baden(eds.), *Managing the Commons,* San Francisco: Freeman.

Coase, R. H. (1960). The Problem of Social Cost. *Journal of Law and Economics, 3,* 1-44.

Coase, R. H. (1970). The Theory of Public Utility Pricing and Its Application. *The Bell Journal of Economics and Management Science, 1( 1),* 113-128.

Coase, R. H. (1977). Advertising and Free Speech. *Journal of Legal Studies, 6(1),* 1.

Coase, R. H. (1988). *The Firm, the Market, and the Law.* Chicago: University of Chicago Press.

Dasgupta, P. & G.M. Heal (1979). *Economic Theory and Exhaustible Resources,* Cambridge: Cambridge University Press.

Dawes, R. M. (1973). The Commons Dilemma Game: An N-Person Mixed Motive Game with a Dominant Strategy for Defection, ORI Research Bulletin, 13.

Demsetz, H. (1967). 'Toward a Theory of Property Rights', *American Economic Review,* Paper and Proceedings, 57.

Dixit, A.(2003). "Some lessons from transaction cost politics for less-developed countries." *Economics and Politics, 15(2),* 107-133.

Doyle, G. (2002). *Understanding Media Economics,* London: Thousand Oaks.

Farber, D. A. (1991). Free Speech without Romance: Public Choice and the First Amendment, Harvard Law Review, 105, 554-583.

Furubotn, F. G. & Richter, R. (1991). *The New Institutional Economics:* An Assessment ,

Grant, R. M. (1996). Toward a Knowledge-based Theory of the Firm , *Strategic Management Journal* 17, 109-122.

Hardin, G. (1968). The Tragedy of Common , *Science, 162,* 1243-48.

Hars, A.& S. Ou (2000). Why Is Open Source Software Viable? - A Study of Intrinsic Motivation, Personal Needs, and Future Returns , *The 2000 Americas Conference on Information Systems* (AMCIS 2000)

Johnson, J. P. (2001). Economics of Open Source Software ,
  http://opensource.mit.edu/online_papers.php

Kogut, B. & A. Metiu (2001). Open Source Software Development and Distributed Innovation , Reginald H. Jones Center working paper #01-08, Wharton School, University of Pennsylvania.

Kollock, P. (1999). The Economics of Online Cooperation: Gifts and Public Goods in Cyberspace , *Communities in Cyberspace*, Eds. Smith, M. A. and P. Pollock, London: Routledge, 220-239.

LeDuc, D. R. (1988). The Plight of the "Public interest": A principle lost in in the process, *Journal of Media Law & Practice, 4,* 130-143.

Lerner, J. & J. Tirole (2000). The Simple Economics of Open Source Software , *National Bureau of Economic Research, Working Paper Series 7600.*

Lerner, J. & J. Tirole. (2002). The Scope of Open Source Licensing , Working Paper, Harvard University.

Miller, G. J. (1992). Managerial Dilemmas: *The Political Economy of Hierarchy,*
Cambridge MA: Cambridge University Press.

Ophuls, W. (1973). Leviathan or Oblivion? *Toward a Steady-State Economy,* edited by
H. E. Daly, San Francisco: W. H. Freeman and Company.

Osterloh, M. & Frey, B. S. (2000). Motivation, Knowledge Transfer, and Organization Forms
, *Organization Science, 11(5)*

Ostrom, E. (1990). Governing the Commons: *The Evolution of Institutions for Collective
Action, Cambridge* MA: Cambridge University Press.

Ostrom, E., R. Gardner & J. Walker (1994). *Rules, Games, and Common Pool Resources,
Ann Arbor* MI: University of Michigan Press.

Ostrom, E. (2005). *Understanding Institutional Diversity .Princeton,* NJ: Princeton
University Press.

Ostrom, E. (2009).Beyond Markets and States: Polycentric Governance of Complex
Economic Systems, The Nobel Prize Lecture.

Ostrom, E., J. Burger, C. B. Field, R. B. Norgaard & D. Policansky (1999).
Revisiting the Common: Local Lessons, Global Challenges , Science, 284.

Posner, R. A. (1995). *Overcoming Law.* Cambridge, MA: Harvard University Press.

Poteete, Amy R., Marco A. Janssen, and Elinor Ostrom (2010). *Working Together:
Collective Action, the Commons, and Multiple Methods in Practice. Princeton,*
N.J.: Princeton University Press.

Pratten, S. (2001). Coase on Broadcasting, Advertising and Policy, *Cambridge Journal of Economics, 25(5)*.

Samuels, W. J. & Medema, S, G, （1997. Ronlad Coase on Economic Policy, Anplysis: Framework and Implications, *Coasean Economics: Law and Economics and the New Institutional Economics, Steven Medema, ed., 161-183*.

Sandler, T. (2001). *Economic Concepts for the Social Sciences*, Cambridge University Press.

Spiller, P. T. (2010) Regulation: A Transaction Cost Perspective, *California Management Review, 52( 2 )*,147-158.

Sullivan, K. M. (1995) .Free Speech and Unfree Markets, *UCLA Law Review*, 42, 949-965.

Van Cuilenburg, J. & McQuail, D. (2003). Media Policy Paradigm Shifts: Towards a New Communications Policy Paradigm, *European Journal of Cmmmunication,18*,181-207.

Weber, S. (2000). The Political Economy of Open Source Software , BRIE Working Paper 140, E-conomy Project Working Paper 15.

http://brie.berkeley.edu/~briewww/pubs/wp/wp140.pdf

Williamson, O. E. (1975). Markets and Hierarchies: *Analysis and Antitrust Implications: A Study in the Economics of Internal Organization*, New York: Free Press.

Williamson, O. E. (1976) Franchise Bidding for Natural Monopolies -- in General and with Respect to CATV, Bell Journal of Economics, The RAND Corporation, 7(1), 73-104

Williamson, O, E. (1999). Ronald Harry Coase: international economist/institutional builder, in Institutions, Contracts and Organizations: Perspectives from New  Institutional Economics, Edited by Claude Ménard.

# 英 文 索 引

## A

Access 近用權 106

Adaptation 適應 70

Alchian & Demsetz 101、105

Alienation 轉讓權 106

Anderson 42 、 86

Antitrust 反托拉斯 26-27、67-68、91

Applied price theory 應用價格理論 60

Aristotle 100

Asset specificity 資產專屬性 63、76、95

## B

Babe 貝比 8-9、41、43

Bagdikian 60、68

Barnes 41

Benkler 49

Bessen 99

Biases 偏向 40

Block 109-110

Boettke 84

Bounded rationality 有限理性 64、70

Boyle 波以耳 83

Boyle's law 波以耳定律 83

Braman 86

Bureaucracy 科層 60-62、64、98、105

Burger 104

## C

Carey 38、42

The Canadian School 加拿大學派 38、
　40、42、44

Caves 考夫　28

Chandler 38、47

Chandler & Cortada 38

Chicago School of Economics 芝加哥經濟
　學派 9

Choice 選擇　62、70

Clark 100

The closed-access common pool resources
　封閉獲取的共用資源 101

Coase 寇斯

# I

# J

# K

# L

# M

# 中 文 索 引

國家圖書館出版品預行編目資料

傳播新制度經濟學：傳播史、政策、管理
與產業組織／王盈勛著. －－初版.－－
臺北市：五南，2014.04
　面；　公分.
ISBN 978-957-11-7540-9（平裝）
1.傳播產業　2.媒體經濟學
541.831655　　　　　　　103002823

1ZEL

# 傳播新制度經濟學：傳播史、政策、管理與產業組織

作　　者 — 王盈勛（5.7）

發 行 人 — 楊榮川

總 編 輯 — 王翠華

主　　編 — 陳念祖

出 版 者 — 五南圖書出版股份有限公司

地　　址：106台北市大安區和平東路二段339號4樓

電　　話：(02)2705-5066　　傳　真：(02)2706-6100

網　　址：http://www.wunan.com.tw

電子郵件：wunan@wunan.com.tw

劃撥帳號：01068953

戶　　名：五南圖書出版股份有限公司

台中市駐區辦公室／台中市中區中山路6號

電　　話：(04)2223-0891　　傳　真：(04)2223-3549

高雄市駐區辦公室／高雄市新興區中山一路290號

電　　話：(07)2358-702　　傳　真：(07)2350-236

法律顧問　林勝安律師事務所　林勝安律師

出版日期　2014年4月初版一刷

定　　價　新臺幣220元